CANG CHU ZUO YE YU SHI XUN

仓储作业与实训

职业教育商贸、财经专业教学用书

主　编　陈百建
副主编　冯维芹　胡丽丹
主　审　黄忠明　胡　滨

华东师范大学出版社
·上海·

图书在版编目(CIP)数据

仓储作业与实训/陈百建主编. —上海:华东师范大学
出版社,2013.5
中等职业学校教学用书
ISBN 978-7-5675-0814-9

Ⅰ.①仓… Ⅱ.①陈… Ⅲ.①仓库管理-中等专业
学校-教材 Ⅳ.①F253.4

中国版本图书馆 CIP 数据核字(2013)第 123759 号

仓储作业与实训

职业教育商贸、财经专业教学用书

主　　编　陈百建
责任编辑　何　晶
审读编辑　李　琴
装帧设计　徐颖超
封面设计　冯　笑

出版发行　华东师范大学出版社
社　　址　上海市中山北路 3663 号　邮编 200062
网　　址　www.ecnupress.com.cn
电　　话　021-60821666　行政传真 021-62572105
客服电话　021-62865537　门市(邮购)电话 021-62869887
地　　址　上海市中山北路 3663 号华东师范大学校内先锋路口
网　　店　http://hdsdcbs.tmall.com

印 刷 者　上海华顿书刊印刷有限公司
开　　本　787×1092　16 开
印　　张　13
字　　数　286 千字
版　　次　2013 年 7 月第 1 版
印　　次　2023 年 7 月第 6 次
书　　号　ISBN 978-7-5675-0814-9
定　　价　29.00 元

出版人　王　焰

(如发现本版图书有印订质量问题,请寄回本社客服中心调换或电话 021-62865537 联系)

出版说明

CHUBANSHUOMING

本书是职业学校商贸、财经专业的教学用书,是依据职业学校学生的认知能力和相关专业的岗位技能要求进行编写的。

本书采用"理论实训一体化"的方式展现内容,项目按照工作方式划分工作任务,每个任务都以任务书形式作为引入,通过核心知识的学习,使学生在掌握一定理论知识后,进行分组操作实训内容,强化岗位实践,重视学生的能力培养。在结构上突出了"项目驱动、任务引领"的特点,充分体现了"做中学、做中教"的指导思想。

在本书的每个任务中都由以下几部分组成:

任务书 设计具有一定背景的任务,引出该任务需要掌握的知识点或技能点。

学一学 介绍与任务相关的理论知识和操作要点。

试一试 介绍分组实训操作的步骤和点评方式。

看一看 通过展现与本任务知识相关的案例,锻炼学生独立思考的能力。

做一做 附加的实训操作练习,帮助学生巩固所学技能。

为了方便老师的教学活动,本书还配套有:

《仓储作业与实训·习题集》:按教材的结构编排设计相关练习和实训,注重巩固和加强学生对知识点的掌握,并锻炼其实务操作能力。

《仓储作业与实训·教师手册》:含有各章各任务的教学建议、教学补充材料、课堂讨论的参考答案以及习题集答案等,便于老师备课、组织教学。

华东师范大学出版社

2013 年 7 月

前 言

仓储是现代物流的一个重要环节,仓库是物流供应链中的一个重要节点,作为物流的基础环节和基础功能,仓储管理水平将在很大程度上影响其运作的效率,从而影响仓库效益。提高仓库从业人员职业素养是现代物流行业发展中的一个重要任务。

本书是职业学校物流服务与管理专业(仓储与配送专门化方向)的教学用书。其课程目标是使学生在学完现代物流专业的核心课程后,能够通过本教材的学习培养并形成通用仓储作业岗位的基本职业能力。

本书有以下四个特点:

一是实施"双证融通"职业教育教学方案,将上海市教委颁布的"仓储作业实务课程标准"与人社部教材办公室颁布的《仓库保管工(五级)职业技能鉴定要素》有机结合,教材融合了这两方面内容,学生在完成本课程的学习后,既能达到学历教育中的仓储作业实务课程培养要求,又能直接参加仓库保管工(五级)职业技能鉴定考核。

二是校企深度合作开发课程教材,教材编写前对5家物流企业仓库相关岗位进行任务与能力分析,聘请企业专家归纳出仓库作业典型、真实的工作任务作为课程教学引领,与学校资深教师共同研究,将工作任务转化为学习领域的内容。教材中呈现的大部分资料和照片都是编者在企业搜集和拍摄的,具有真实性和典型性。

三是教材编写采用"理论实训一体化"模式,项目设计是依据仓库工作中收货、保管保养和发货三阶段来进行的,每个项目按照工作方式分为3~5个典型工作任务,让学生围绕具体任务来学习涉及到的相关理论知识,在课堂上分组合作完成任务书上的具体内容,达到训练相关技能目的,将仓储理论知识和实践技能融为一体,让学生在"学中做、做中学",为探讨"理论实训一体化"教学模式进行探索和尝试。

四是教材结构设计新颖,每个任务包含四个模块,即"学一学——核心知识介绍"学习围绕完成仓库典型工作任务必需的知识和技能点;"试一试——完成工作任务"让学生在课堂上分组完成工作任务并展示成果;"看一看——企业案例分析"让学生进一步了解企业是如何完成这类任务的;"做一做——技能实训操作"布置学生需要在课外反复操作的实训任务,进一步熟练掌握本任务所需的

前言

相关技能。

参加本书编写的人员有:陈百建、冯维芹、胡丽丹、陈颖达、徐士芳、邵华云、盛怡雯、薛飞和徐悦。全书由陈百建担任主编,冯维芹和胡丽丹担任副主编;由上海中石化工物流有限公司监事、物流师黄忠明和中荷浮宝港务公司仓库主管、物流师胡滨担任主审。

本教材是在上海石化工业学校校本教材的基础上进一步完善的,期间得到了学校苏勇校长、黄汉军副校长、教务处栾承伟主任、俞建雄副主任和经贸科贾佩新科长的大力支持,在此表示衷心感谢。

本书在编写过程中,参考了大量的已出版教材和网上资料,在此表示衷心感谢! 限于编者的经历和水平,书中错误疏漏在所难免,恳请读者和专家提出宝贵意见,以便编者改进。

编 者

2013 年 7 月

目 录

仓储作业与实训

学习目标

通过本项目的学习,掌握仓储的概念、仓储管理的内容;会对某一仓库按分类标志归类;会根据仓库布局图说出仓库的整体布局和库内布局;会依据仓储设备实物或图片说出设备的名称和用途,进一步为特定的出入库操作方法选择合适的设施设备;会依据组织结构图描述仓库组织机构类型;知道仓库保管员岗位职责。

任务一　走进仓库

任务书

登录中国仓储与物流网(http://www.caws.org.cn/),点击"仓库等级",进入"已评定库区",在如图 1-1 所示的界面中选择某一五星级仓库,通过链接打开其网站,如图 1-2 所示,浏览仓库概况,按照本任务介绍的仓库功能和分类方法,对该仓库进行归类描述。示例见表 1-1。

图 1-1 "已评定库区"页面　　　　　图 1-2 打开链接网站

表 1-1　上海医药物流中心情况表

公司名称	公司简介	仓库类型	设施条件	服务功能
上海医药物流中心	上海医药物流中心有限公司系上海市医药股份有限公司的全资子公司。上海医药物流中心在上海地区拥有 6 大库区,能够满足医药商业、制造业、零售业等各种业态的物流需求,为医药	第三方物流仓库、物流配送仓库、专业仓库、机械化仓库、自动立体仓库、信息化管理仓库	多种温控库区立体交叉,满足不同货物的存储需求:冷藏库,1200 平方米,温度控制在 2—8℃;阴凉库,37500 平方米,温度控制范围≤20℃;保温库,1756 平方米,温度控制在 15—25℃;常温库,8000 平方米,温度控制在 2—30℃;医疗器械库,4000 平方米,室温管理。 自动立体仓库面积占全库面积 50% 以上,拥有 108 辆运输车辆。	实施 24 小时值班制,开通 2 小时急送业务,建立完备的应急预案,致力于成为专业的医药物流企业

仓储作业与实训

公司名称	公司简介	仓库类型	设施条件	服务功能
	及医疗器械等产品提供物流服务		其中冷藏车6辆。安装GPS系统,进行全程运输跟踪。WMS系统与ERP系统无缝对接,支持库位管理	

 学一学——核心知识介绍

一、认识仓储与仓储管理

1. 仓储的概念

（1）仓储的含义

《国家标准(GB/T18354—2006)物流术语》中对仓储的定义是:利用仓库及相关设施进行物品的入库、存贮、出库的活动。

仓储的含义可以从狭义的仓储和广义的仓储两方面进行理解。

狭义的仓储仅指通过仓库实现对在库物品的储存与保管,是一种静态仓储,可比作"水库"。如:国家粮食储备库就是此类仓储。

广义的仓储是指除了对物品的储存、保管,还包括物品在库期间的分拣组配、包装刷唛、流通加工等各项增值服务,是一种动态仓储,可比作"河流"。如:物流配送中心一般储存货物不超过24小时,是典型的动态仓储。

（2）仓储的功能

① 基本功能。为了满足市场的基本储存需求,储存和保管是仓储最基础的功能。

② 增值功能。仓储的增值功能,其典型表现方式有:一是满足客户个性化、多样化的需求,包括分拣、组合、配货、配载和流通加工。二是信用保证,买方到仓库验货,以确认货物的存在和品质的保证;仓库保管人出具的仓单是实物交易的凭证,是物权证明,也是有价证券,可以作为融资工具。

③ 社会功能。仓储的社会功能主要从三个方面理解:

一是时空调整功能。仓储可以调节产品生产和消费在季节性和常年性上的时间差异。如:粮食是季节性生产和常年性消费的,需要储存,而服装一般是季节性消费但常年性生产,也需要储存。仓储也可以调节产品生产和消费在集中性和分散性上的空间差异。如:昆山集中生产的笔记本电脑在全球销售,需要储存,而上海通用别克汽车在上海组装,零部件来自全球供应,也需要储存。

二是价格调整功能。通过发布某种货物的储存量来调节货物的价格,如:发布美国国家石油储存量就会引起世界石油市场价格波动。

三是衔接货物流通功能。货物流通包括货物的所有权转移(也称"商流")、实物形态的空间转移(也称"物流")、买卖方之间的资金划拨(也称"资金流")和单证的传递(也称"信息流")。货物流通包括采购、运输、仓储和再生产(消费)等四个环节,可见仓储是货物流通的可靠保证,也是确保社会再生产顺利进行的必要条件。

2. 仓储管理的概念

（1）仓储管理的定义

《国家标准（GB/T18354—2006）物流术语》中对仓储管理的定义是：对仓储设施布局和设计以及仓储作业所进行的计划、组织、协调与控制。

仓储管理与仓库管理是不同层面的管理。仓库管理仅指物品的入库、在库和出库等作业环节的管理，是一种业务层面的管理；而仓储管理则既包括战略层面管理（如：库房选址与建设、仓库整体规划和设备选配），又包括出入库、保管保养等业务层面的管理。

（2）仓储管理的内容

① 仓库的选址与建设。仓库选址原则及相关的因素、仓库的结构和建筑面积、仓库整体布局和库内平面布置等需要考虑的要素都属于仓储战略层面管理，直接关系到仓储企业的生存与未来发展的空间。

② 仓库机械设备的选配。根据通用仓库等级条件的定位以及储存物品的种类和特性、仓库的吞吐量大小，选配合适的仓储机械化、自动化设备种类和数量，将大大提高仓库作业的效率和效果，是仓储现代化的重要标志。

③ 仓储作业管理。仓储作业管理是指组织好物品的出入库、在库保管保养、分拣配送出库，以及仓库安全等各项业务活动的管理。仓储作业主要包括入库验收、保管保养和出库三个阶段。其中入库是仓储作业的基础，把好入库关，是搞好仓储作业的重要保证。保管保养即确保货物在储存期间质量完好和数量准确，最大限度降低货物损耗，是仓储作业的中心任务。出库是仓储作业的关键，出库业务服务的对象是客户，安全、准确、及时地做好出库供应，是仓库服务水平的集中体现，如果出库发生差错，不仅影响客户使用，甚至会造成严重的后果。仓储作业管理是本书重点介绍的核心内容。

④ 仓储绩效管理。仓储绩效管理是指在一定的经营期间内，仓储企业利用指标对经营效益和经营业绩以及服务水平进行考核，以加强仓储管理工作，提高管理的业务和技术水平。

⑤ 人力资源管理。人力资源管理包括仓储人员的招聘和培训、建立健全各岗位责任制、各岗位人员配置和优化、人机系统的高效组合和绩效工资管理。

二、认识仓库

从现代物流系统的角度来看，仓库是从事物品储存、保管保养、分拣、再包装、流通加工、配送等物流作业活动的节点，仓管员只有了解了仓库的分类及其主要职能，才能做到有针对性的管理，从而提高仓库的利用效率。

1. 仓库的含义

仓库是指用于储存和保管物品的建筑物和场所的总称。仓库与库房、货棚、堆场不是同一个概念：库房是指有屋顶和维护结构，供储存各种物品的封闭式建筑物。货棚是指供储存某些物品的简易建筑物，一般没有或只有部分围壁。堆场则是指用于存放某些物品的露天场地。

2. 仓库的分类

仓库的具体分类如表1-2所示。

表1-2 仓库分类表

划分依据	仓库类型		职能说明
仓库在物品流通中所承担的职能	采购供应类仓库		储存从全国各生产企业收购和从国外进口的物品
	批发类仓库		储存从采购供应类仓库调进和当地收购的物品
	零售仓库		为商业零售企业提供短期储货,以供卖场销售
	转运仓库		储存商业系统中转分运和转换运输工具的特运物品,这类仓库一般设在铁路或公路的车站、沿海口岸及江河水路码头附近
	加工仓库		存储物品并兼营某些物品的挑选、整理、分级分装的简单加工
	物流配送仓库		为商业系统物流配送的物品提供储存、保管服务
仓库在产品生产中所处的领域	生产领域	物料仓库	存储并发放企业生产中所需的原材料、零部件等物料
		成品仓库	存放生产企业已经制成并经检验合格、可以直接进行销售的产品
	流通领域	中转仓库	物流企业向其他企业提供物流服务时,对物品进行储存保管、检验、流通加工,以及开展配送业务等
		零售商仓库	为满足商业企业业务需要,储存各种零售物品
		国家储备仓库	储存国家为预防自然灾害、战争及各种意外而准备的物品
仓库运营形式	自营仓库		由企业或各类组织自营自管,为自身提供储存服务的仓库
	公共仓库		面向社会提供物品储存服务,并收取一定的费用
仓库的储存条件	库房		存储受气候条件影响大的货物,包括化工原材料及产品、家用电器、生产零部件等
	货棚		存储受气候条件影响不大的货物,包括汽车、桶装液体状货物、有色锭材等
	货场		储存大型钢材、水泥制品及集装箱等
仓库的储存类别	综合性仓库		分区分类储存若干大类货物
	专业性仓库		只储存某一大类货物
	特种仓库		储存性质特殊的货物,如:保温库、冷藏库、危险品库等
仓库的作业方式	人力仓库		规模小,采用人工作业方式,主要存储电子元器件、工具、备品备件的货物
	半机械化仓库		入库采用机械作业,出库采用人工作业方式,适合储存批量入库、零星出库的产品
	机械化仓库		入库和出库均采用机械作业,适合存储整批入库、整批出库,外形长、大、笨重的货物
	半自动化仓库		配备高层货架和运输系统,采用人工操作巷道堆垛机的方式,经常用于存储各种备件
	自动化仓库		以高层货架为主,配备自动巷道作业设备和输送系统的无人仓库

3. 仓库的等级

国家标准通用仓库等级条件见表 1-3 所示。

表 1-3　通用仓库等级条件表

划分指标		仓库等级				
项目	类别	一星	二星	三星	四星	五星
设施条件	仓库	建筑总面积在 5000 m² 以上的普通平房或楼房仓库	建筑总面积在 5000 m² 以上的普通平房或楼房仓库	建筑总面积在 10000 m² 以上的普通平房或楼房仓库	建筑总面积在 10000 m² 以上	
					立体库所占比例达 30%	立体库所占比例达 50%
					有一定数量的站台登车桥	
	装卸机具	有必要的装卸机具	机械装卸作业量超过 30%	机械化作业量超过 50%	机械化作业量超过 70%	机械化作业量超过 90%
	库内通道		库区通道、作业区满足一般货运车辆通行及作业要求	库区通道、作业区满足一般货运车辆通行及作业要求	库区通道及作业区能满足 40 英尺 (12.192 m) 集装箱卡车作业要求，拥有与业务规模相适应的停车场	
	信息系统		具有单机版仓储管理信息统计或可用客户系统进行管理	具有仓储管理信息系统，库区仓储业务实现信息化管理	企业仓储业务全部实现信息化管理	
			可进行相关数据的查询和传递	提供电子数据交换服务	与重点客户能够实现网络对接，客户能够及时获得数据查询结果	具有数据交换平台、实时可视监控体系
					具有条码数据扫描与处理能力	具有数据自动采集、处理能力或一定自动分拣能力
					能满足客户电子单证管理需求	
	服务功能		仓储基本作业	仓储基本作业及简单加工、包装服务	仓储基本作业与流通加工、包装、配送及信息服务等增值服务	
				提供全天 24 小时服务	不受一般因素影响，提供全天 24 小时服务	
					能满足客户差异化服务需求	

划分指标		仓库等级				
项目	类别	一星	二星	三星	四星	五星
管理水平	安全管理	有健全的安全管理制度,仓库建筑、相关器材经过病虫害防治处理,如:白蚁的防治				
					有自动报警系统,立体库配有喷淋灭火系统	
	管理制度及制度落实	有健全的运作、考核、客户服务、持续改进和培训制度				
		各项制度得到贯彻落实,运作、质量、客户投诉管理及培训记录、档案完整				
					通过 ISO9000 质量管理体系认证	
	作业现场	库容库貌整洁;各种标志规范、清晰、易辨,符合 GB2894、GB16179、GB13495 的规定;作业规范;物品堆码整齐				

试一试——完成工作任务

第一步:仔细阅读任务书,理解任务内容,学习本任务核心知识内容。

第二步:各小组上网登录 http://www.caws.org.cn/,点击"仓库等级",进入"已评定库区",选择一家五星级仓库,打开其网站,浏览仓库概况,查找所需资料,讨论并完成任务。

第三步:小组成果展示。每组选出代表将小组完成任务情况向大家展示。成果展示示例(也可制作成 PPT)的内容包括物流公司名称、公司标记(LOGO)、公司情况简介、仓库类型、设施条件和服务功能等。由老师对内容进行讲解和分析。

第四步:各小组对展示内容自评和互评。

第五步:各小组把完成的任务书交给老师。

看一看——企业案例分析

正泰集团采用自动化立体仓库提高物流速度的案例分析

正泰集团公司是中国目前低压电器行业最大的销售企业。"正泰"商标被国家认定为驰名商标,在全国低压工业电器行业中,正泰首先在国内建立了三级分销网络体系,经销商达 1000多家。同时,正泰还建立了原材料、零部件供应网络体系,协作厂家达 1200 多家。

一、立体仓库的功能

正泰集团公司自动化立体仓库是公司物流系统中的一个重要部分。它在计算机管理系统的指挥下,高效、合理地贮存各种型号的低压电器成品;准确、实时、灵活地向各销售部门提供产成品;并为货物采购、生产调度、计划制订、产销衔接提供准确信息。

二、立体仓库的工作流程

正泰立体仓库占地面积达 1600 平方米,高度近 18 米,共有 3 个巷道(6 排货架)。作业方

式为整盘入库,库外拣选。其基本工作流程如下:

1. 入库流程

仓库第二、三、四层两端共六个入库区各设一台入库终端,每个巷道口各设两个成品入库台。需入库的成品经入库终端操作员键入产品名称、规格型号和数量。控制系统通过人机交互界面接收入库数据,按照均匀分配、先下后上、下重上轻、就近入库、ABC 分类等原则,管理计算器自动分配一个货位,并提示入库巷道。搬运工可依据提示,将装在标准托盘上的货物由小电瓶车送至该巷道的入库台上。监控机指令堆垛将货盘存放于指定货位。

库存数据入库处理分两种类型:一种是需操作员在产品入库之后,将已入库托盘上的产品名称(或代码)、型号、规格、数量、入库日期、生产单位等信息在入库客户机上通过人机交互界面输入;另一种是空托盘入库。

2. 出库流程

底层两端为成品出库区,中央控制室和终端各设一台出库终端,在每一个巷道口设有LED 显示屏幕用于提示本盘货物要送至装配平台的出门号。需出库的成品,经操作人员键入产品名称、规格、型号和数量后,控制系统按照先进先出、就近出库、出库优先等原则,查出满足出库条件且数量相当或略多的货盘,修改相应账目数据,自动地将需出库的各类成品货盘送至各个巷道口的出库台上,用电瓶车将之取出并送至货车上。同时,出库系统在完成出库作业后,在客户机上生成出库单。

3. 回库空盘处理流程

底层出库后的部分空托盘经人工叠盘后,操作员键入空托盘回库作业命令,搬运工依据提示用电瓶车送至底层某个巷道口,堆垛机自动将空托盘送回立体仓库第二、三、四层的原入口处,再由各车间将空托盘拉走,形成一定的周转量。

思考题:

1. 简述正泰集团立体仓库出入库流程,它能否称之为自动化立体仓库?
2. 该立体仓库的作业方式有何特点?

 做一做——技能实训操作

通过上网登录 http://www.caws.org.cn/,打开两家五星级物流公司网站,对照五星级仓库等级条件,填写五星级仓库情况表(表1-4)。

表1-4　五星级仓库情况表

公司名称	公司标记	公司简介	仓库类型	设施条件	服务功能

任务二　规划仓库布局

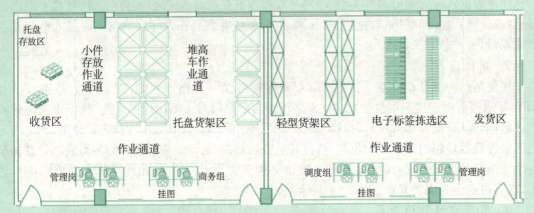

图 1-3　仓储实训室平面图示例

设计仓储实训室(或教室)的货区布置方式,以及收货区、出库区、货物暂存区和设备存放区等功能区域。指示出主通道和支道,以及外墙距和内墙距等。

 学一学——核心知识介绍

仓库布局就是在一定区域内或库区内,对仓库的数量、规模、位置、仓库设施、道路等要素进行科学规划和整体设计,最大限度地提高仓库的储存作业能力,降低各项储存作业费用,保证各个物流环节的有效运作,快速、准确地完成整个物流作业过程。

一、仓库总平面布置

1. 仓库总平面布置的要求

(1)适应仓储生产的作业流程

库房、货棚、货场等储放场所的数量和比例要与储存货物的数量和保管要求相适应,保证库内货物的流动方向单一合理,搬运距离最短,装卸作业环节和次数最少,仓库面积利用率最高,并做到运输通畅,方便保管。

(2)有利于提高仓库的经济效率

平面布置应该与竖向布置相适应,既能满足仓储生产上的要求,有利于排水,又要充分发挥设备的效能,合理利用空间。

(3)符合安全、卫生要求

库内各区域间、各建筑物间应该留有一定的防火间距,同时要设有各种防火、防盗等安全保护设施。此外,库内布置要符合卫生要求,充分考虑通风、照明、绿化等情况。

2. 仓库总体布置图

(1) 仓库总体布置图的定义

仓库总体布置图是整个仓库库区的分布和各种设施及场地用途的图示,如图1-4所示。

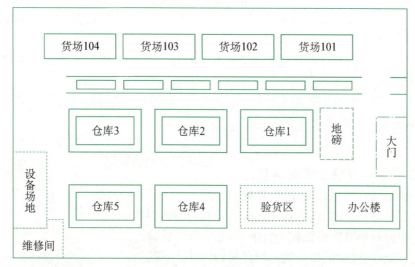

图1-4 仓库总体布置图

(2) 仓库的总体构成

一个仓库通常由生产作业区、辅助生产区和行政生活区三大部分组成。

① 生产作业区。它是仓库的主体部分,是货物储运活动的场所,主要包括储货区、铁路专用线、道路、装卸台等。

储货区是储存保管的场所,具体分为库房、货棚、货场。货场不仅可存放货物,同时还起着货位的周转和调剂作用。铁路专用线、道路是库内外的货物运输通道,货物的进出库、库内货物的搬运,都要通过这些运输线路实现。专用线应与库内其他道路相通,保证畅通。装卸站台是供火车或汽车装卸货物的平台,有单独站台和库边站台两种,其高度和宽度应根据运输工具和作业方式而定。

② 辅助生产区。辅助生产区是为货物储运保管工作服务的辅助车间或服务站,包括车库、变电室、油库、维修车间等。

③ 行政生活区。行政生活区是仓库行政管理机构和生活区域。一般设在仓库入口附近,便于业务接洽和管理。行政生活区与生产作业区应分开,并保持一定距离,以保证仓库的安全及行政办公的安静。

二、仓库货区布局

1. 仓库货区布置的基本思路

① 根据物品特性分区、分类储存,将特性相近的物品集中存放。

② 将单位体积大、质量大的物品存放在货架底层,并且靠近出库区和通道。

③ 将周转率高的物品存放在进出库装卸搬运最便捷的位置。

④ 将同一供应商或者同一客户的物品集中存放,以便于进行分拣配货作业。当仓库作业过程中出现某种物品物流量大、搬运距离远的情况时,则说明仓库的货位布局有错误。

知识链接

仓库货区布局的要求

① 适应仓储作业过程的要求,有利于仓储业务的顺利进行,以单一的物流流向、最短的搬运距离、最少的装卸环节和最大限度地利用空间为布置目标。

② 节省投资。充分利用现有的资源和外部协作条件选择配置设施设备,以便最大限度地发挥其效能。

③ 保证安全和职工的健康。严格按照建筑设计防火规范文件的规定建设,并且作业环境的安全卫生标准也要符合国家的有关规定。

2. 仓库货区规划应注意的问题

① 仓区要与经营现场靠近,通道顺畅。

② 每个货仓有相应的进仓门和出仓门,并有明确的标牌。

③ 货仓办公室尽可能设置在仓区附近,并有仓名标牌。

④ 测定安全存量、最低存量或定额存量,并有标示牌。

⑤ 按存储容器的规格、楼面载重承受能力和叠放的限制高度将仓区划分为若干仓位,并用油漆或美纹胶在地面标明仓位名、通道和通道走向。

⑥ 仓区内要留有必要的待验区、待处理区、隔离区,包括废次品存放区、物料暂存区、发货区等。

⑦ 仓区设计必须将安全因素考虑在内,必须明确规定消防器材所在位置、消防通道和消防门的位置及救生措施等。

⑧ 每个货仓的进门处,必须张贴货仓平面图,表明该仓库所在的地理位置、周边环境,仓区仓位、仓门,各类通道、门、窗和电梯等。仓库内平面布置如图1-5所示。

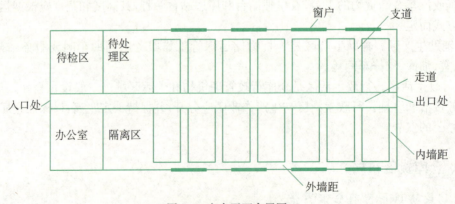

图1-5　库内平面布置图

3. 货区布置形式

货区的布置既要考虑提高仓库平面和空间利用率,又要提高物品保管质量,方便进出库作业,从而降低物品的仓储处置成本。

(1) 平面布置

平面布置是指对货区内的货垛、通道、垛间(架间)距、收发货区等进行合理的规划,并正确处理它们的相对位置。主要依据库存各类物品在仓库中的作业成本,按成本高低分为 A、B、C 三类,A 类物品作业量一般应占据作业最有利的货位,B 类次之,C 类再之。

平面布置的形式有垂直式布置和倾斜式布置两种。

① 垂直式布置。垂直式布置是指货垛或货架前排列与仓库的侧墙互相垂直或平行,具体包括横列式布局、纵列式布局和纵横式布局。

横列式布局是指货垛或货架的长度方向与仓库的侧墙互相垂直,如图 1-6 所示。其主要优点有:主通道长且宽,副通道短,整齐美观,便于存取和盘点,如果用于库房布局,还有利于通风和采光。

纵列式布局是指货垛或货架的长度方向与仓库侧墙平行,如图 1-7 所示。其主要优点有:可以根据库存物品在库时间的不同和进出频繁程度安排货位;在库时间短、进出频繁的物品放置在主通道两侧;在库时间长、进出不频繁的物品放置在里侧。

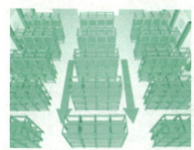
图 1-6　横列式布局

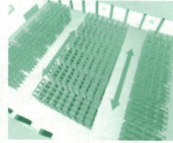
图 1-7　纵列式布局

图 1-8　纵横式布局

纵横式布局是指在同一保管场所内,横列式布局和纵列式布局兼而有之,可以综合利用两种布局的优点,如图 1-8 所示。

② 倾斜式布置。倾斜式布置是指货垛或货架与仓库侧墙或主通道成 60°、45° 或 30° 夹角。具体包括货垛倾斜式布局和通道倾斜式布局。

货垛倾斜式布局是横列式布局的变形,它是为了便于叉车作业、缩小叉车的回转角度、提高作业效率而采用的布局方式,如图 1-9 所示。

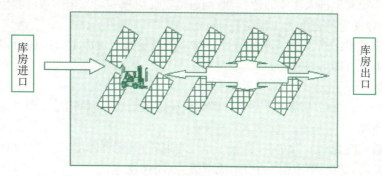
图 1-9　货垛倾斜式布置图

通道倾斜式布局是指仓库的通道斜穿保管区,把仓库划分为具有不同作业特点的区域,如:大量储存和少量储存的保管区等,以便进行综合利用。在这种布局形式下,仓库内形式复杂,货位和进出库路径较多,如图1-10所示。

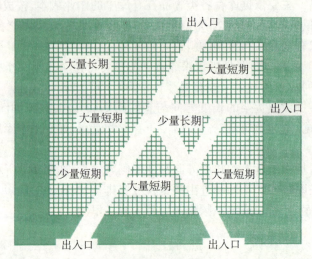

图 1-10　通道倾斜式布局

(2) 空间布置

仓库的空间布置也称为仓库内部竖向布局,是指库存物品在仓库立体空间上布局,其目的在于充分有效地利用仓库空间。其形式主要有:就地堆码,利用托盘、集装箱堆码,上货架存放、架上平台和空中悬挂。

4. 库内非保管场所的布置

应尽量扩大保管面积,缩小非保管面积。非保管面积包括通道、墙间距、收发货区、库内办公地点等。

(1) 通道

库房内的通道,分为运输通道(走道)、作业通道(支道)和检查通道。

① 运输通道供装卸搬运设备在库内走行,其宽度主要取决于装卸搬运设备的外形尺寸和单元装载的大小。运输通道的宽度一般为 1.5～3 米。

② 作业通道是供作业人员存取搬运物品的行走通道。其宽度取决于作业方式和货物大小。如果使用手动叉车进入作业通道作业,则通道宽度应视手动叉车的宽度和作业特点而定。一般情况下,作业通道的宽度为 1 米左右。

③ 检查通道是供仓库管理人员检查库存物品的数量及质量而走行的通道,其宽度只要能使检查人员自由通过即可,一般为 0.5 米左右。

(2) 墙间距

其作用是一方面可使货垛和货架与库墙保持一定的距离,避免物品受潮,同时也可作为检查通道或作业通道。

墙间距一般宽度为 0.5 米左右,当兼作作业通道时,其宽度需增加一倍。墙间距兼作作业通道是比较有利的,它可以使库内通道形成网络,方便作业。

（3）收发货区

收发货区是指供收货、发货时临时存放物品的作业场地,可分为收货区和发货区,也可以划定一个区域为收货、发货共用。

收发货区的位置应靠近库门和运输通道,可设在库房的两端或适中的位置,并要考虑到收货、发货互不干扰。对靠近专用线的仓库,收货区应设在专用线的一侧,发货区应设在靠近公路的一侧。如果专用线进入库房,收货区应设在专用线的两侧。

（4）库内办公地点

仓库管理人员需要一定的办公地点,办公室可设在库内也可设在库外。最好是在库外另建,使仓库能存放更多的物品。

试一试——完成工作任务

第一步:认真阅读任务书,理解任务内容,学习本任务核心知识。

第二步:各小组讨论完成任务书的方法,实地操作丈量实训室(或教室)的使用面积和库内布局。

第三步:画出实训室平面布置图,注明各功能区域。

第四步:成果展示,听老师对内容讲解和分析。

第五步:各小组对任务完成情况自评和互评,将完成的任务书交给老师。听老师对相关知识进行小结。

看一看——企业案例分析

图 1-11 是某仓库库房平面布局图,看懂布局内容,请指出其平面布局特点,提出可以进一步改进的地方。

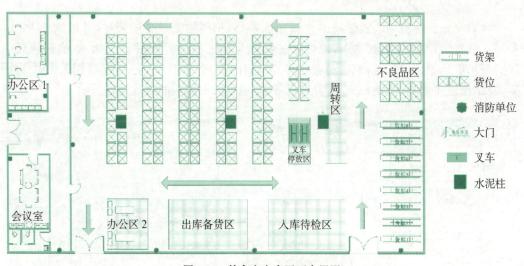

图 1-11　某仓库库房平面布置图

做一做——技能实训操作

现有一仓库,如图 1-12 所示,外墙长 60 米,内墙宽 40 米,自行设计一条主通道,两条支通道,主通道宽 3 米,支通道宽 1.5 米,标出内外墙距,其中,内墙距 0.3 米,外墙距 0.5 米(按 1:500 的比例)。简要说明设计依据。

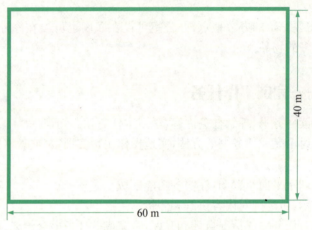

图 1-12 仓库布局设计

任务三 认识仓储设备

 任务书

参观当地的物流中心或学校的仓储实训中心,拍摄物流设备的照片,分组制作 PPT,简述各种物流设备的用途。或者也可以登录中国物流设备网,如图 1-13 所示,挑选网页中所有展示的货架、叉车、托盘、堆垛机各五种,如图 1-14 和 1-15 所示,查看相关图片及资料,总结该设备的功能,制作成 PPT 进行展示,也可采用图表的方式进行展示。

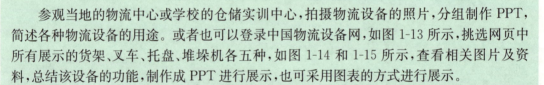

图 1-13 中国物流设备网主页

图 1-14 查看某货架图片

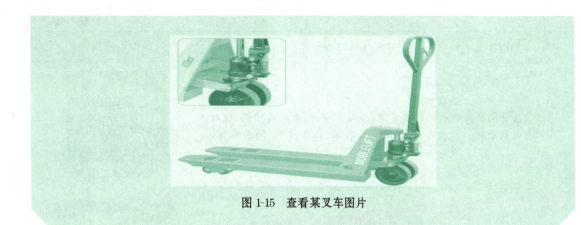

图 1-15　查看某叉车图片

学一学——核心知识介绍

一、认识仓库储存设备

仓库储存设备包括货架、托盘等。

1. 货 架

（1）货架的定义

根据《国家标准（GB/T18354—2006）物流术语》中的定义，货架是指用立柱、隔板或横梁等组成的立体储存物品的设施。

（2）货架的作用

① 货架是一种架式结构物，可以充分利用仓库空间，扩大仓容定额。

② 货架储存货物，可以互不挤压，整个货架可以密封，有利于物品保管质量。

③ 存取方便，便于清点。

④ 新型货架有利于仓库机械化和自动化作业。

（3）货架的分类

货架的类别具体如表 1-5 所示。

表 1-5　货架分类表

序号	分类标准	具体类型	典型货架列举
1	按货架的发展分类	传统式货架 （如：层架、层格式货架、抽屉式货架、橱柜式货架、U 形架、栅架、悬臂架等）	层架

仓储作业与实训

序号	分类标准	具体类型	典型货架列举
1	按货架的发展分类	新型货架 (如：旋转式货架、移动式货架、装配式货架、驶入驶出式货架、调节式货架、托盘货架、高层货架、阁楼式货架、重力式货架等)	 驶入驶出式货架
2	按货架的适用性分类	通用货架和专用货架(通用货架是指能存放大多数货物的货架，如：层格货架、托盘货架；专用货架是指专门存放某一类货物的货架，如：存放长条型货料的悬臂式货架)	 悬臂式货架
3	按货架的制造材料分类	钢货架、木制货架、钢木合制货架等	 钢木合制货架
4	按货架的封闭程度分类	敞开式货架、半封闭式货架、封闭式货架等	 封闭式货架
5	按结构特点分类	层架、层格架、橱架、抽屉架、悬臂架、三角架、栅形架等	 抽屉架
6	按货架的可动性分类	固定式货架、移动式货架、旋转式货架、组合货架、可调式货架、流利式货架等	 流利式货架

序号	分类标准	具体类型	典型货架列举
7	按货架结构分类	整体结构式货架和分体结构式货架	 分体式结构货架
8	按货架高度分类	低层货架、中层货架和高层货架	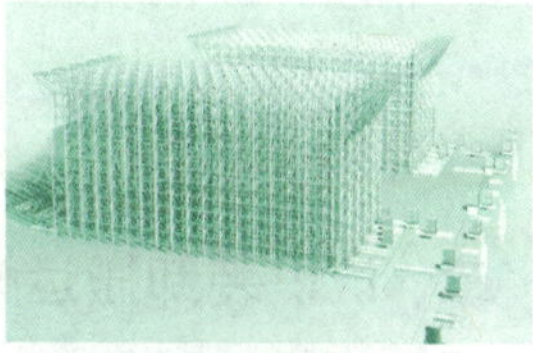 高层货架
9	按货架承载量分类	重型货架、中型货架和轻型货架	 重型货架

2. 托盘

（1）托盘的定义

根据《国家标准（GB/T18354—2006）物流术语》中的定义，托盘是指在运输搬运和存储中，将物品规整为物品单元时，作为承载面并包括承载面上辅助结构件的装置。

（2）托盘的特点

托盘的优点是：托盘作为一个集装单元，利用叉车搬运，可提高搬运效率；托盘作为一个运输集装单元，可减少散货件数，等量装盘，便于点数和理货。

托盘的缺点是：空托盘的返程会浪费部分运力；托盘本身也会占据一定库容空间。

（3）托盘的种类

托盘种类繁多，结构各异。国内外常见的托盘如图 1-16 所示。

（4）托盘的规格

我国托盘规格与国际标准化组织规定的通用尺寸一致，主要有 6 种规格：1200 mm × 1000 mm，1200 mm × 800 mm，1219 mm × 1016 mm（即 48 in × 40 in），1140 mm × 1140 mm，1100 mm × 1100 mm，1067 mm × 1067 mm（即 42 in × 42 in）。

仓储作业与实训

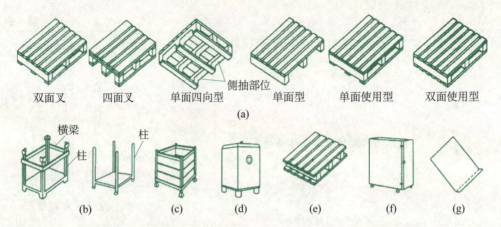

（a）平托盘；（b）柱式托盘；（c）箱式托盘；（d）油罐式托盘；（e）翼形托盘；（f）滚轮保冷箱托盘；（g）滑动板

图 1-16　托盘的种类

二、认识装卸搬运设备

装卸搬运设备是货物出入库和在库堆码及翻垛作业而使用的设备，它对于提高仓库工作效率，减轻仓储劳动强度具有重要作用。装卸搬运设备种类很多，本任务主要介绍叉车和堆垛机。

1. 叉车

（1）叉车的定义

根据《国家标准（GB/T18354—2006）物流术语》中的定义，叉车是指具有各种叉具，能够对物品进行升降和移动，以及装卸作业的搬运车辆。它是仓库装卸搬运机械中应用最广泛的一种。

（2）叉车的特点

① 机械化程度高。与托盘配合使用可以实现装卸搬运的机械化作业。

② 机动灵活性好。叉车外形尺寸较小，可以在作业区域内任意移动，具有灵活性。

③ 可以"一机多用"。配备各种叉具，可以适应不同形状物品的装卸作业。

（3）叉车的种类

叉车的具体类型和常用叉车种类分别如表 1-6 和表 1-7 所示。

表 1-6　叉车分类表

序号	分类标准	具体类型
1	按耗能方式分类	燃油叉车、电力叉车、手动叉车
2	按特种行业分类	防爆叉车、多向走叉车、越野叉车、集装箱行走吊、军用工业车辆、车载式叉车、无人驾驶工业车辆
3	按工业车辆分类	电动托盘搬运车、前移式叉车、低位拣选叉车、高位拣选叉车、平衡式叉车、集装箱叉车、伸缩臂叉车
4	按行走方式分类	电动托盘堆垛车、电瓶叉车、侧面叉车、固定平台搬运车、集装箱正面吊、三向堆垛叉车

表 1-7　常用叉车表

序号	叉车名称	特点	外形照片
1	前移式叉车	前移式叉车的门架可以带动起升机构沿着支腿内侧轨道前移,便于叉取货物	
2	平衡式叉车	平衡重式叉车的工作装置位于车辆前端,货物载于前端货叉上,为了平衡前端货物重量,在叉车的后部装配有重铁块	
3	侧面式叉车	侧面式叉车的门架和货叉在车体一侧,车体进入通道,货叉面向货架或货垛,装卸作业不必先转弯再作业,因此适合窄通道作业,有利于条形长尺寸货物的搬运	
4	集装箱叉车	集装箱叉车是集装箱码头和堆场上常用的一种集装箱专用装卸机械,主要用作堆垛空集装箱等辅助性作业,也可在仓库堆场进行装卸与短距离搬运	
5	手动液压搬运车	手动液压搬运车是广泛应用于仓库的轻小型搬运设备,货叉通过手动液压油泵抬起,用人工手拉使之行走	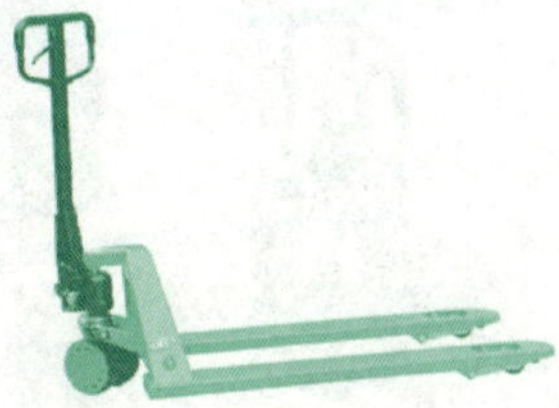

仓储作业与实训

序号	叉车名称	特点	外形照片
6	电动托盘搬运车	电动托盘搬运车是小型搬运设备,电动行走,电动起降	

叉车上装配的各类叉具,可以叉起不同形状的货物,各类叉车叉具如图 1-17 所示。

桶夹叉车

双托盘叉车

平夹叉车

旋转器

起重臂

纸卷夹叉车

图 1-17　各类叉车叉具图

2. 堆垛机

堆垛机是仓库专门用来堆码货垛或升降物品的机械设备。它构造轻巧,能在很窄的走道内操作,堆码或提升高度较高,有助于提高仓库的库容利用率,作业灵活,在中小型仓库、立体库内被广泛使用。图 1-18 所示是四种典型的堆垛机。

(a) 电动堆垛机

(b) 单立柱巷道堆垛机

(c) 双立柱巷道堆垛机

(d) 手动堆垛机

图 1-18　各类堆垛机

试一试——完成工作任务

第一步:认真阅读任务书,理解任务内容,学习本任务核心知识。

第二步:各小组上网登录 http://www.56products.com,点击"货架链接",再点击某一"货架生产厂家",打开其网站,查找五种典型货架图片和介绍,并下载图片。同样点击叉车、托盘和堆垛机的链接。讨论并完成任务书中的内容。

第三步:每组代表将小组完成任务情况制作成PPT向大家展示。由老师对内容进行讲解和分析。

第四步:各小组对展示内容自评和互评。

第五步:各小组将任务书交给老师,听老师对本任务做小结。

看一看——企业案例分析

仓储货架系统的比较与分析

某仓库的大小是 48 m×27 m,该仓库托盘单元货物尺寸为 1000 mm(宽)×1200 mm(深)×1300 mm(高),重量为1吨。仓库若采用窄通道(VNA)系统,可堆垛6层,仓库有效高度可达10米;而其他货架方式只能堆垛4层,有效高度为7米。

一、四种仓储货架系统的介绍

下面是几种不同的货架和叉车、堆垛机系统方案,其货仓容量、叉车类型和最佳性价比。

1. VNA窄通道系统

该系统下货物可先进先出,取货方便,适用于屋架下弦较高(10米左右)的仓库。因采用高架叉车,采购价为58万元,地面需要加装侧向导轨。叉车通道宽为1.76米,总存货量为2088个货位。货架总造价为41.76万元,仓库总造价为129.6万元,工程总投资为229.36万元,系统平均造价为1098元/货位。

2. 驶入式货架系统

该系统下货物先进后出,且单独取货困难;但存货密度高,适用于面积小、高度适中的仓库。该系统适用于货品单一、成批量进出货的仓库。系统采用平衡重式电动叉车,采购价为22.5万元,叉车直角堆垛通道宽度为3.2米,总存货量为1812个货位。货架总造价为43.5万元。仓库建筑总造价为123.12万元,工程总投资为189.12万元,系统平均造价为1044元/货位。

3. 选取式货架系统

该系统下货物可先进先出,取货方便。该系统对货物无特殊要求,但只适用于货仓容量较小的传统型仓库系统。系统采用电动前移式叉车,采购价为26万元,叉车直角堆垛通道宽度为2.8米,总存货量为1244个货位。货架总造价为16.2万元,仓库建筑总造价为123.12万元,工程总投资为165.32万元,系统平均造价为1329元/货位。

4. 双深式货架系统

该系统下货物可先进后出,取货难度适中。该系统货仓容量较大,可与通廊式货架媲美,且对货物和货仓无特殊要求,适应面广。系统采用站驾式堆高车和伸缩叉,采购价为25万元,

仓储作业与实训

叉车直角堆垛通道宽度为 2.8 米,总存货量为 1716 个货位。货架总造价为 24 万元,仓库建筑总造价为 123.12 万元,工程总投资为 172.12 万元,系统平均造价为 1003 元/货位。

二、四种仓储货架系统的比较与分析

通过上述资料可以看出,除了投资成本的不同,4 种不同的货架仓储方式都有各自的特点。

VNA 窄通道系统能有效利用仓库的空间(通道最小),同时又能保证很好的存取货速度和拣选条件(每个托盘都能自由存取和拣选)。该类仓库系统,每台设备的存取货速度大约为每小时 30—35 个托盘。适用于各种行业,特别是货物种类比较多,或进出速度较快的情况;如果仓库越大、仓库的进出量增加,使用该系统时设备数量增加不会很多,成本反而更低。近年来,使用这种系统的仓库已越来越多,特别是大型仓库。

驶入式货架系统可以有效利用仓库的空间(货架排布密度大),但不能满足拣选的要求。每个托盘不能自由存取。适用于货物种类比较单一、大批量进出状况的作业。该系统的出货速度不快,每小时只有 10—12 个托盘。因而该系统一般只在少数行业的仓库使用。

选取式货架系统是使用最广泛的一种,虽然该系统不能非常有效地利用仓库的空间,但能保证有很好的存取速度和拣选条件(每个托盘都能自由存取和拣选)。该系统中每台设备的存取速度大约为每小时 15—18 个托盘,适用于各种行业。随着仓库增大,仓库的进出量越大,使用该系统时设备数量增加会较多,所以成本会增加;但它的灵活性非常好,第三方物流的仓库大都采用这一系统。

双深式货架系统是选取式和驶入式货架系统的结合体,可以非常有效地利用仓库的空间(货架排布密度较大),又能保证有很好的存取货速度和拣选条件(每两个托盘都能自由存取和拣选)。该类仓库系统中每台设备的存取速度大约为每小时 12—15 个托盘。它的灵活性也较好,随着仓库增大,仓库的进出量增加,使用该系统的设备数量增加不会太多,所以成本基本保持不变。近年来,这种系统的仓库使用已逐步增多,没有行业限制,但货物种类不能太多。

综合来看,每种仓库系统各有特色,每个公司要按照各自的行业特点来选择最适合的、性价比最好的系统。当然,每个系统并不是独立的,可以结合起来同时使用,并根据不同的物流方式、进出速度、货物品种、进出量来选择。

思考题:

1. 通过四种仓储货架系统的比较,可以得出什么结论?

2. 哪种货架系统的性价比最高,能否只按照性价比来选择货架系统?

做一做——技能实训操作

使用手动液压搬运车将货物运至指定地点

(1)检查舵柄上的小手柄

小手柄的作用是控制液压系统的启动。开启小手柄后,液压系统可以产生压力;释放手柄后,液压系统的压力也随之消失。检查小手柄是否已经放下。放下手柄的方法如图 1-19 所示。

(2)将货叉推入托盘槽内

在货叉推入托盘槽内时,舵柄应与地面或货叉保持垂直。将手臂伸直,两手同时抓住舵柄的两端,如图 1-20 所示。

图 1-19　放下手动液压搬运车的小手柄

图 1-20　将搬运车货叉推入托盘槽内

（3）启动液压设备

货叉插入托盘槽内后，上下摇动舵柄，启动液压设备，使货叉上升，上升到离地面无摩擦的距离后，将小手柄放平后即可移动，如图 1-21 所示。

图 1-21　使货叉上升，放平小手柄

（4）移动货物

移动货物时，为了使用方便和视线不被货物挡住，应用手拉着搬运车，而不是推，如图 1-22 所示。运到货位时，为准确入位，应推着叉车，双手握舵柄，左右摆动对位，如图 1-23 所示。

图 1-22　拉货行走

图 1-23　推托盘车到位

（5）货物放到目标位置

将货物搬运到进货暂存区的目标位置上,提起小手柄使货叉下降,抽出货叉,等待验收,如图 1-24、1-25 所示。

图 1-24　提起小手柄使货叉下降　　　　　　　图 1-25　抽出货叉

任务四　走向仓储工作岗位

任务书

参观当地的一家仓库,如图 1-26 所示,听取仓库有关人员介绍该企业组织结构和基层岗位职责,如图 1-27 所示,回来以后,以小组为单位,将收集到的资料制作成 PPT,介绍、展示仓库组织结构和岗位设置概况。或者登录中国仓储网,选择一家仓储企业,查看该企业组织结构和岗位职责概况等资料,制作成 PPT 进行展示,或用图表做展示,如图 1-28所示。

图 1-26　实地参观　　　　　　　　　　图 1-27　听取有关人员的介绍

仓储作业与实训

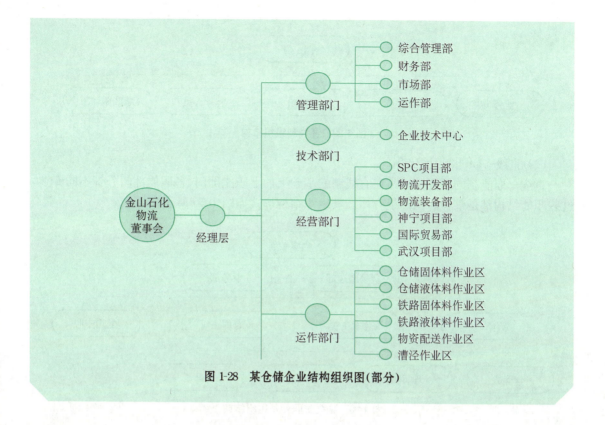

图 1-28　某仓储企业结构组织图(部分)

学一学——核心知识介绍

一、认识仓库管理组织

1. 仓储管理组织的概念

仓储管理组织就是将仓储作业人员与储存手段结合起来实现特定目标的组成单元。仓储管理组织的目标是按照仓储活动的客观要求和仓储管理的需要,把与仓储有直接关系的部门、环节、人和物尽可能地合理协调运作,提高仓储工作效率和效果。一般需要设置仓储组织机构,包括确定仓库的隶属关系、岗位设置、职责范围和人员配备等。

2. 仓储管理组织结构形式

仓储管理组织结构形式是仓储管理的各个部分及其整个企业经营组织之间关系的模式。一般认为,组织结构可以分为决策指挥层、执行协调层、基层作业层。组织结构形式一般有直线制、直线—职能制和水平结构式三种。

（1）直线制组织结构

这是由一个上级直接管理多个下级的一种组织结构。其组织结构形式如图 1-29 所示。

该组织方式适合仓库规模小、人员不多、业务简单的小型仓储企业。其优点是:从上到下垂直领导,不设行政职能部门,组织精简,指令传达迅速,责任权限明确,仓储企业主管的管理意图得到充分执行。其缺点是:管理中的各项决策易受管理者自身能力的限制,对管理者的要求较全面,当业务量大、作业复杂的情况下,仓储主管会感到压力太大,力不从心。

仓储作业与实训

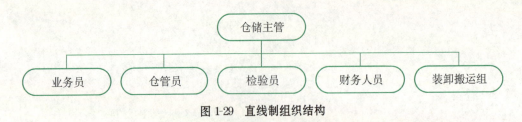

图 1-29　直线制组织结构

（2）直线—职能制组织结构

直线—职能制的管理模式是在直线制的基础上加上职能部门，各职能部门分管不同专业，这些职能结构都是某种职能的组合体。其组织结构形式如图 1-30 所示。

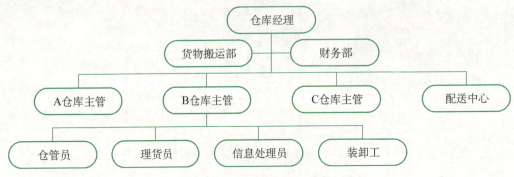

图 1-30　直线—职能制组织结构

这种组织方式被大中型企业普遍采用，是一种较有效的形式。其优点是：克服了直线制管理模式下管理者的精力和工作时间有限的缺点。其缺点是：各职能部门之间有时会发生矛盾，横向协调较困难，因此需要密切配合。

（3）水平结构式组织结构

水平结构式组织结构是指由原来的"多层"结构变为"扁平"结构，由过去的 5 - 7 个管理层次减少到 2 - 3 个管理层次，由过去的"领导与分管"角色变成"流程经理"的角色。管理人员兼职化，如：原来的副总经理兼主管部部长，也兼任主管部核心业务科科长。在管理信息系统支持下，组织形式通过兼职化实现了由"多层"向"扁平"转化，实现了决策层和执行层的对接问题。

知识链接

传统仓库组织形式

1）个人负责制，是指一名仓管员负责入库验收、保管、出库及账务处理工作的组织形式。适合小型企业的仓库管理。

2）小组负责制，是指一个保管小组负责仓库的业务活动。适合中型仓库的管理。

3）专业分工制，是指仓库设置入库验收、保管保养、出库配送等多个岗位，每个岗位由若干作业工人和管理人员组成。适合大型仓库的管理。

二、解读仓库管理员职业资质

在仓储企业中,对于不同职位人员的资质有不同要求,根据《国家标准(GB/T21070—2007)仓储从业人员职业资质》,可以分为仓库管理员和仓储经理两个级别,本任务只介绍仓库管理员的职业资质要求。

1. 基本知识要求

(1) 仓储作业流程

① 了解物品验收规则及入库、出库程序和分管库房的情况。

② 掌握储存分区、分类、货位编号、定量堆码、动碰复核*、盘点对账等工作内容与方法。

③ 了解气候、温湿度变化对仓储作业的影响。

(2) 库存物品

① 具有与本岗位有关的物理、化学、货物养护学的基本知识。

② 了解所保管物品的性能、特点。

③ 了解所保管物品的储存技术标准及温湿度要求。

(3) 仓储工具设备

① 懂得常用仪器、仪表、设备、工具的使用方法和保养知识。

② 掌握计算机相关知识。

(4) 安全防护

① 掌握消防安全基本知识的操作规程。

② 了解仓库安全的内容及要求。

③ 懂得物品包装储运图示标志及一般消防器材的使用方法。

2. 基本技能要求

(1) 仓储作业

① 按照有关规范,准确进行日常的物品收、发、保管业务;能根据订单进行分拣、拆零、加工、包装、备货等作业。

② 准确地填表、记账和盘点对账。

③ 合理地选择仓储设备。

④ 合理地进行分区分类、货位编号和堆码苫垫。

⑤ 用感官和其他简易方法鉴别物品的一般质量,正确记录和合理调节库房温湿度。

⑥ 对库存物品进行一般性的保管和养护。

(2) 设备工具的使用

① 会操作计算机。

② 正确使用一般装卸搬运、计量、保管、养护、检验、消防、监控设备与设施。

(3) 管理技能

① 发现差错和问题,及时处理并准确办理查询、催办及报亏等手续。

② 熟知消防、防盗等有关电话号码和消防器材的存放地点和使用方法;出现情况能迅速报警,对火灾等能采取有效办法及时进行扑救。

③ 通过"仓储管理信息系统(WMS)"进行物品出入库、在库等信息的处理(传输、汇总、分

---

* 注:动碰复核是指库存货物有过出入库操作的要复核,没动过的则不必复核。

析等)。

④ 结合本职工作撰写书面总结分析报告。

⑤ 指导装卸、搬运人员安全、规范地进行作业。

试一试——完成工作任务

第一步:阅读任务书,理解任务内容,学习本任务核心知识内容。

第二步:各小组上网登录上海金山石化物流有限公司的网站 http://www.jp156.com,点击"组织结构"链接,下载"组织结构图",讨论并完成任务书中内容。

第三步:每组代表将小组的任务完成情况向大家展示,由老师对内容进行讲解和分析。

第四步:各小组对展示内容自评和互评。

第五步:各组上交任务书给老师。

看一看——企业案例分析

上海长桥物流有限公司组织机构简介

上海长桥物流有限公司是百联集团上海现代物流投资发展有限公司的全资子公司,是专业从事为化工、电子、食品、医药、日用品等行业提供各种物流服务的第三方物流有限责任公司。其组织机构如图 1-31 所示。

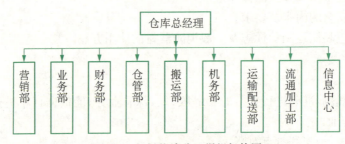

图 1-31　长桥物流公司组织机构图

① 营销部。主要负责仓储的业务推广和客户管理。

② 业务部。主要负责仓储的业务咨询、接洽和业务办理。

③ 财务部。主要负责仓储的财务管理、业务结算,以及仓储经济活动分析,为企业管理者的业务决策提供财务信息支持等。

④ 仓管部。仓管部是仓储的重要部门。主要负责仓储存储货物的接货、验收、入库、分拣、储存、保管和货物养护、仓储货物的出库等仓储作业。它是仓储的主要业务部门,其作业质量将直接影响仓储服务质量。

⑤ 搬运部。搬运部是支持其他业务部门活动作业的主要部门。主要负责仓库存储货物的移动搬运,它是仓储其他业务的保障。没有搬运部的货物搬运作业,货物在仓库内就无法实现移动,货物的接收、入库、储存、出库等作业也就无从谈起。

⑥ 机务部。主要负责仓库使用的各种设施设备的保管、使用、保养和维护,使各种设施设备处于正常的使用状态,保证仓储各项作业的需要。

⑦ 运输配送部。运输配送部也是仓储重要的业务部门,主要负责仓储货物的接运和发

送,其作业目的是在存储货物到达仓库时能及时地组织接运,在接到送货指令后能及时准确地将客户所订货物送达客户的手中。运输配送部门是仓储客户服务的最后一道作业,其作业质量的好坏会直接影响仓储企业在市场上的形象。可以说,运输配送部的作业质量是整个仓储服务质量的集中体现。

⑧ 流通加工部。主要负责仓储的流通加工业务,可根据仓储实际业务的开展情况考虑是否设立。

⑨ 信息中心。这是仓库的神经中枢,仓库的作业指令要通过信息中心的处理来生成。信息中心主要根据客户的订单信息进行汇总,通过物流信息系统软件生成各种作业指令,如:入库单、拣货单、出库单、送货单等。同时,仓库管理信息系统还可以通过网络和相关的业务单位实现电子数据交换,将电子商务与仓储管理结合。另外,仓库的信息中心也是仓库的数据中心,通过数据查询,可以掌握每种货物的库存信息和库存动态,为仓储决策提供可靠的信息资料。

思考题:

1. 长桥物流公司属于哪种组织结构?
2. 该物流公司各职能部门职责是否明确? 有无职责交叉的情况?
3. 为什么说信息中心是仓库的神经中枢?

做一做——技能实训操作

根据《中华人民共和国职业分类大典》,仓储企业一般有仓库保管员、理货员、货物养护员等岗位,请你通过学习本任务内容,结合资料查询,填写表1-8。

表1-8　仓储企业岗位设置

序号	岗位名称	岗位定位	工作内容
1	仓库保管员	指对存储物品进行保管、维护管理的人员	1. 2. 3. 4.
2	理货员	指在仓库、配送中心、超市、港口码头等企业中,从事物品整理,拣选、配货、包装、复核、置唛和物品交接、验收、整理、堆码等作业的人员	1. 2. 3. 4. 5. 6. 7.
3	货物养护员	指对库存货物进行日常保养维护的人员	1. 2. 3. 4.

仓储作业与实训

任务五　认识危险化学品仓库

任务书

参观化工物流企业仓库，如图 1-32 所示，经企业允许拍摄库房、设备、危化品的现场照片，如图 1-33 所示，结合企业有关人员的介绍，分组制作该企业基本概况 PPT，在班上做展示。或者登录金山石化物流有限公司网站（http://www.jpl56.com），如图 1-34 所示，浏览网页收集资料，分组制作 PPT 进行展示。

图 1-32　参观某化工物流企业

图 1-33　危化品储存

图 1-34　登录网站

学—学——核心知识介绍

一、初识危险化学品知识

1. 危险化学品的概念

根据国务院颁布的《危险化学品安全管理条例》（于 2011 年 12 月 1 日起执行）中定义危险

化学品,是指具有毒害、腐蚀、爆炸、燃烧、助燃等性质,对人体、设施、环境具有危害的剧毒化学品和其他化学品。

2. 危险化学品的分类与标识

危险化学品的特征就是危害性,但各种危险品的危害具有不同的表现,根据危险品的首要危险特性共分为九大类,分别是:爆炸品、压缩气体和液化气体、易燃液体、易燃固体、自燃物品和遇湿易燃物品、氧化剂和有机过氧化剂、有毒品、腐蚀品、杂类。具体还包括列入《国家标准危险货物品名表(GB12268)》和国务院经济贸易综合管理部门公布(会同公布)的剧毒化学品目录和其他危险化学品。危险品还包括未经彻底清洗的盛装过危险品的空容器、包装物。危险品除了具有已分类的主要危险特性外,还可能具有其他的危害特性,如:爆炸品大都具有毒性、易燃性等。危险化学品的标志见书后附录二。

二、危险品仓储的基本要求

1. 危险品仓库的选址

危险品仓库需要根据危险品的危害特性,依据政府的市政总体规划,选择合适的地点建设。危险品仓库一般设置在郊区较为空旷的地区,远离居民区、供水源、主要交通干线、农业保护区、河流、湖泊等,在当地常年主导风向的下风处。建设危险品仓库必须获得政府经济贸易管理部门审批。仓库要在门口显要位置布置危险品仓库的总平面图,如图 1-35 所示。

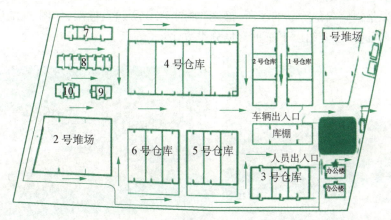

图 1-35　危险品仓库总平面图

2. 危险品仓库的建筑和设施

危险品仓库的建筑结构需要根据危险品的危险特性和发生危害的性质,采用妥善的建筑形式,并取得相应的许可。建筑和场所需根据危险化学品的种类、特性,设置相应的监测、通风、防晒、调温、防火、灭火、防爆、泄压、防毒、消毒、中和、防潮、防雷、防静电、防腐、防渗漏、防护围堤或者隔离操作等安全设施、设备。仓库和设施要符合安全、消防等国家标准的要求,并设置有明显标志。

3. 设备管理

危险品仓库实行专用仓库的使用制度,设施和设备不能用作其他方面的作业。各种设施和设备要按照国家相应标准和有关规定进行维护、保养,进行定期检测,保证符合安全运行要求。对于储存、使用剧毒化学品的装置和设施要每年进行一次安全评价;仓储和使用其他危

仓储作业与实训

品的,储存装置每两年进行一次安全评价。对评价不符合要求的设施和设备应停止使用,立即更换或维修。

4. 库场使用

危险化学品必须储藏在专用仓库、专用场地或者专用储藏室内。危险品仓库关于专用的要求,不仅包括不能仓储普通货,还包括不同种类危险品的分类存放。与危险品仓储需经管理部门批准一样,危险品仓库改变用途,或改存其他危险品,也需要相应的管理部门的审批。

危险品的危害程度还与存放危险品的数量有关,仓库需要根据危险品的特性和仓库的条件,确定各仓库的存量。例如,黄埔港务公司规定第 12 仓楼下,堆存限额 1078 吨,不能堆放一级易燃液体和一级有机过氧化物。

5. 危险化学品从业人员的要求

从事危险化学品生产、经营、储存、运输、使用或者处置废弃危险化学品活动的人员,必须接受有关法律、法规、规章和安全知识、专业技术、职业卫生防护和应急救援知识的培训,经考核合格,方可上岗作业。

三、认识危险化学品仓库和主要存储设备

1. 危险品仓库的类型

危险品仓库是指储存危险品的场所、罐区(如图 1-36 所示)、棚架(如图 1-37 所示)、库房。其分类方法较多,这里仅介绍以下三种常见分类方法:

图 1-36 罐区　　　　　　　　　　　　　　图 1-37 棚架

（1）按其隶属和使用性质分类

我国把危险品仓库按其隶属和使用性质分为甲、乙两类。甲类是指商业仓储业、交通运输业、货物管理部门的危险品仓库,这类仓库往往储量大、品种复杂且危险性较大。乙类是指那些企业自用的危险品仓库。

（2）按仓库规模分类

按仓库规模,分为三级:库场面积大于 9000 m^2 的为大型仓库,面积在 550—9000 m^2 的为中型仓库,面积在 550 m^2 以下的为小型仓库。

（3）按火灾危险性分类

按储存物品的火灾危险性,可将仓库分为五类,如表 1-9 所示。

表 1-9　按储存物品的火灾危险性分类

储存物品的仓库类别	火灾危险性的特征
甲	1. 闪点<28℃的液体 2. 爆炸下限<10%的气体,以及受到水或空气中水蒸气的作用,能产生爆炸下限<10%气体的固体物质 3. 常温下自行分解或在空气中氧化即能导致迅速自燃或爆炸的物质 4. 常温下受到水或空气中水蒸气的作用能产生可燃气体并引起燃烧或爆炸的物质 5. 遇酸、受热、撞击、摩擦以及遇有机物或硫磺等易燃的无机物,极易引起燃烧或爆炸的强氧化剂 6. 受撞击、摩擦或与氧化剂、有机物接触时能引起燃烧或爆炸的物质
乙	1. 闪点≥28℃至<60℃的液体 2. 爆炸下限≥10%的气体 3. 不属于甲类的氧化剂 4. 不属于甲类的化学易燃危险固体 5. 助燃气体 6. 常温下与空气接触能缓慢氧化,积热不散引起自燃的物品
丙	1. 闪点≥60℃的液体 2. 可燃固体
丁	难燃物品
戊	非燃物品

注:难燃物品、非燃物品的可燃包装重量超过物品本身重量 1/4 时,其火灾危险性应为丙类。

2. 危险品仓库的库区布局

由于危险品货物在性能上具有燃烧、爆炸、腐蚀、有毒、放射性等特点,并在一定的条件下能致人、畜以伤害,或造成财产损失。因而,在仓库类型、布局、结构和作业上有其特殊要求。库区布局应遵守公安部颁布的《建筑设计防火规范 GBJ16 - 87(修订本)》中的相关规定。

（1）建筑面积与耐火等级的规定

遵守各级危险性建筑物的耐火等级不应低于现行国家标准《建筑设计防火规范 GBJ16 - 87(修订本)》中二级耐火等级的规定;面积小于 20 m^2 的 A 级建筑物或面积不超过 300 m^2 的 C 级建筑物的耐火等级可为三级。

（2）设置防火安全距离

危险品仓库库区的布置应严格按照《建筑设计防火规范 GBJ16 - 87(修订本)》要求,设置防火安全距离。大、中型甲类仓库和大型乙类仓库与邻近居民点和公共设施的间距应大于 150 米,与企业、铁路干线间距应大于 100 米,与公路间距应保持大于 50 米。在库区内,库房间的防火间距根据货物特性设为 20—40 米,小型仓库的防火间距在 12—40 米。易燃货物最好储存在地势较低的位置,桶装易燃液体应存放在库房内。

3. 危险品仓库结构

（1）危险品库场具体建筑形式

危险品库场建筑形式有地面仓库、地下仓库和半地下仓库,还有窑洞以及露天堆场。在使用中应根据货物的性质采用不同的形式。如图 1-38 所示为某一危险品仓库的库房外观。

仓储作业与实训

图1-38 危险品库房外观   图1-39 危险品库房大门

(2) 危险品地面仓库的建筑结构

① 危险品仓库应根据当地气候和存放物品的要求,采取防潮、隔热、通风、防小动物等措施。

② 危险品仓库可采用砖墙承重,屋顶宜采用轻质易碎结构。

③ 危险品仓库的安全出口不应少于两个。当仓库面积小于 150 m²,且长度小于 18 米时,可设一个。仓库内任意一点至安全出口的距离,不应大于 15 米。

④ 危险品仓库的门应向外平开,不得设门槛;门洞的宽度不宜小于 1.2 米。储存期较长的总仓库的门宜为双层,内层门为通风用门,两层门均应向外开启,如图 1-39 所示。

⑤ 危险品总仓库的窗应能开启,宜配置铁栅和金属网,在墙脚处宜设置进风窗。

⑥ 危险品仓库的地面,应符合下列规定:对火花能引起危险品燃烧、爆炸的工作间,应采用不会发生火花的地面;当工作间内的危险品对撞击、摩擦特别敏感时,应采用不会发生火花的柔性地面;当工作间内的危险品对静电作用特别敏感时,应采用不会发生火花的导静电地面。

(3) 危险品仓库的工作间

① 危险性工作间的内墙应抹灰。有易燃、易爆粉尘的工作间,其地面、内墙面、顶棚面应平整、光滑,不得有裂缝,所有凹角宜抹成圆弧形。易燃、易爆粉尘较少的工作间宜用湿布擦洗,内墙面应刷 1.5—2.0 米高的油漆墙裙。经常冲洗的工作间,其顶棚及内墙面应刷油漆,油漆颜色与危险品颜色应有所区别。

② 有易燃易爆粉尘的工作间,不宜设置吊顶。当设置吊顶时,应符合下列规定:吊顶上不应有孔洞;墙体应砌至屋面板或梁的底部。

知识链接

罐车发油鹤管

该装置适用于各类石油库发放各类燃料油,也可用于化工及其他行业收、发各类液体原料的灌装作业,如图 1-40 所示。

仓储作业与实训

图1-40 鹤管

试一试——完成工作任务

第一步:仔细阅读任务书,理解任务内容,学习本任务核心知识内容。

第二步:各小组上网登录上海金石物流有限公司网站http://www.jp156.com,浏览仓库概况,查找所需资料,讨论完成任务书中的内容。

第三步:浏览网站,搜索所需资料的网页并截屏,制作PPT并做展示。

第四步:各组成果展示。每组代表将小组完成任务情况向大家展示。

第五步:各小组把任务书交给老师。听老师点评。

看一看——企业案例分析

静电引起甲苯装卸槽车爆炸起火事故

一、事故经过

某年7月22日,某化工物流仓库租用某运输公司一辆汽车槽车,到铁路专线上装卸外购的46.5吨甲苯,并指派仓库副主任、安全员及2名装卸工执行卸车任务。约7时20分,开始装卸第一车。由于火车罐车与汽车槽罐有约4米高的位差,装卸直接采用自流方式,即用4条塑料管(两头橡胶管)分别连接两头,依靠高度差,使甲苯从火车罐车经塑料管流入汽车槽罐。约8时30分,第一车甲苯约13.5吨被拉回仓库。约9时50分,开始装卸第二车。汽车司机将车停放在预定位置后与安全员到离装卸点20米的站台上休息,一名装卸工爬上汽车槽车,接过地面装卸工递上来的装卸管,打开汽车槽车前后2个装卸孔盖,在每个装卸孔内放入2根自流式装卸管。当4根自流式装卸管全部放进汽车槽罐后,槽车顶上的装卸工因天气太热,便爬下汽车去喝水。人刚走离汽车约2米远,汽车槽车靠近尾部的装卸孔突然爆炸起火。爆炸冲击波将2根塑料管抛出车外,喷洒出来的甲苯致使汽车槽车周边一片大火,2名装卸工当场被炸死。10分钟后,消防车赶到。经十多分钟的扑救,大火全部扑灭,阻止了事故进一步的扩大,火车罐车基本没有受损害,但汽车已全部烧毁。

二、事故原因分析

直接原因是装卸作业没有按规定装设静电接地装置,使装卸产生的静电火花无法及时导

仓储作业与实训

出,造成静电积聚过高产生静电火花,引发事故。间接原因则是高温作业未采取必要的安全措施,因而引发爆炸事故。

事发时气温超过 35℃。当汽车完成第一车装卸任务并返回火车装卸站时,汽车槽罐内残留的甲苯经途中长时间太阳暴晒,已挥发达到相当高的空气浓度,而此时未采取必要的安全措施就直接灌装甲苯,造成了事故。

三、事故教训与防范措施

第一,立即开展接地静电装置设施的检查和维护,加强安全防范,严防类似事故的发生。

第二,完善全公司安全规章制度。事故发生后,针对高温天气,应明确要求,灌装易燃、易爆危险化学品,除做好静电设施接地外,在第二车装卸前,必须静置汽车槽罐 5 分钟以上或采取罐外水冷却等方式,方可继续灌装。

第三,进一步健全公司安全管理制度,充实安全管理力量,落实好安全责任制,强化安全管理手段和措施。

思考题:

通过本案例的分析,你对化工物流仓库有了哪些认识?

 做一做——技能实训操作

上网登录 http://www.shlonglan.com/,打开上海隆澜危险品仓储有限公司网站,搜集信息资料,并整理成能全面介绍该企业概况和主要业务的文档,然后填写下表。

表 1-10　五星级仓库情况表

公司名称	公司标记	公司简介	仓库类型	设施条件	服务项目

学习目标

通过本项目的学习,能描述入库流程,绘制入库流程图;会对固体化工品、液体危险化学品、气体危险化学品进行入库操作;能够认识 RFID 技术,会利用该技术完成对食品类货物的入库操作;会自动化立体仓库的入库和出库操作。

任务一　体验入库流程

任务书

观看老师课上播放的仓库的入库作业视频,用自己的语言描述整个货物入库的作业流程。通过对入库作业流程的描述和讨论,绘制入库流程图。在掌握入库流程之后,进一步收集资料,分组制作 PPT,描述某一货物的入库流程。入库流程图的示例如图 2-1 所示。

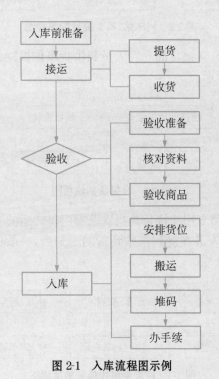

图 2-1　入库流程图示例

学一学——核心知识介绍

一、描述入库流程

1. 入库前准备

入库前准备主要是由仓库管理人员根据仓储合同、入库单或入库计划及时进行库场准备，保证货物按时入库。通常需要仓库主管、仓管员和搬运设备作业人员各司其职，分工合作，并保持协调一致。

准备工作具体包括：熟悉各种需入库货物的状况；全面掌握仓库库场情况；仓储计划的制定；妥善安排货位；合理组织人力；做好货位准备；苫垫材料、作业用具的准备；准备好验收工具；装卸搬运工艺设定；文件、单证的准备。

2. 接运

（1）物品接运方式

① 到车站、码头提货：负责接货的仓管人员到车站、码头等承运单位提货时，一般应遵照如图 2-2 所示的步骤进行。

图 2-2　到车站、码头提货的流程图

② 自提货：自提货是指负责接货的仓管人员到供货单位提货。此时验收与提货是同时进行的，其具体步骤如图 2-3 所示。

图 2-3　自提货的流程图

③ 铁路专用线接货：铁路专用线接货是指铁路部门将转运的物品直接运送到仓库内部专用线的一种接运方式。接货人员在接到车站到货的通知后，一般应按照如图 2-4 所示的步骤做好接货工作。

图 2-4　铁路专用线接货的流程图

④ 托运单位送货至仓库的接货：

送货到库是指供货单位或其委托的承运单位将物品直接送达仓库的一种供货方式。当物品到达后,接货人员及验收人员应直接与送货人员办理接收工作,当面验收并办理交接手续。

对于以上各种入库方式来说,货物初检是入库的关键环节。货物初检的内容主要是指对外包装是否完好、大件数、外观质量(受损情况、霉变情况、锈蚀和受潮情况)的检查。

（2）接运差错处理

在接货过程中,有可能会遇到错发、混装、漏装、丢失、损坏、受潮和污损等差错。面对这些情况,仓管员要先确定差错产生的原因,并要求责任单位做出合理赔偿。

① 确认差错原因:接货人员到承运单位接货,发现物品丢失、短少、变质、污染、损坏时,应首先核对承运单位提供的运输记录,以确定差错发生的原因。

② 签收货物:如确认物品情况与运输记录的内容相符,接货人员应在运输记录中的"收货人"栏内签名,并留取运输记录的货主联。

③ 申请赔偿:向承运单位申请赔偿是有一定的时间限制的。在通常情况下,自领到运输记录的次日起 180 日内,收货单位可以向物品到达站或发运站提出赔偿。

（3）做好接运记录

在完成物品接运工作的同时,每一步骤应有详细的记录。接运记录应详细列出接运物品到达、接运、交接等各环节的情况,物品接运记录表格式如表 2-1 所示。

表 2-1　物品接运记录表

序号	到达记录									接运记录					交接记录			
	通知到达时间	运输方式	发货站	发货人	运单号	车牌号	货物名称	件数	重量	日期	件数	重量	缺损情况	接货人	日期	提货通知单编号	附件	收货人

3. 验收

（1）验收准备

为保证验收工作及时、准确地完成,提高验收效率,减少劳动力的消耗,仓管员在对物品进行验收作业时,就应事先做好以下准备工作:

① 准备相应的检验工具,如:磅秤、量尺、卡尺及需用的仪表等,所有检验工具必须预先检查,保证计量准确性。

② 收集和熟悉验收凭证及有关资料。

③ 对于进口物品或存货单位指定需要质量检验的物品,应通知有关检验部门会同验收。

（2）核对凭证

物品运抵仓库后,仓管员应该首先核对物品的各种凭证,以确认物品是否送错,并为接下来的验收工作提供依据。

仓管员需要核对的凭证,按照提供对象的不同,可分为以下几种:

① 货主提供的入库通知单、订单和订货合同副本,这是仓库验收货物的依据。

② 供货单位提供的验收凭证,包括质量证明书或合格证、说明书及保修卡、装箱单或磅码单、检验单及发货明细账等。

仓储作业与实训

③ 承运单位提供的运输单证,包括提货通知单和登记货物残损情况的货运记录、普通记录,以及公路运输交接单等,可作为向责任方进行交涉的依据。

(3) 实物验收

货物验收包括对外观质量、数量、重量及精度的验收。当货物入库交接后,应将货物置于待检区域,仓库管理员及时进行外观质量、数量、重量及精度的验收,并进行质量送检。

● 外观质量验收

外观质量验收的内容,具体包括外包装完好情况,外观质量缺陷,外观质量受损情况及受潮、霉变和锈蚀情况等,往往是通过人体感官来作鉴定。因此,正确进行外观质量检验,要求仓管员必须具备丰富的识货能力和判断经验。

外观质量鉴定的方法如下:

看(视觉)——观看货物外表有无变形、裂痕、翘皮、砂眼、变色、虫蛀、污痕、生霉、涂层脱落、氧化、溶解、渗漏、挥发、沉淀、混浊和破损等异状。

听(听觉)——对易碎货物,如:玻璃器皿,摇晃容器,听内容物有无杂音,判断其有无破碎。

摸(触觉)——用手触摸判断货物的含水量程度,或有无黏结、潮湿、干硬、结块和老化等异状。

嗅(嗅觉)——利用嗅觉判断货物是否已失应有的气味,或有无串味及有无异味(毒害性物品禁止嗅闻)。

货物在交接过程中,特别要注意检查外包装是否完好。外包装常见的异状有以下几种情况。

① 人为的挖洞、开缝。通常是被盗窃的痕迹。

② 水渍、潮湿。通常是被雨淋水湿或货物本身出现潮解、渗漏的现象。

③ 污染。一般是由于配装不当而引起的货物间的相互沾污。

④ 包装破损。由于包装结构不良,或包装材质不当,或装卸过程中乱摔、乱扔、碰撞等造成的包装破损。

需要注意的其他情况是:凡在合同上订明包装规定的,应按规定进行验收。

● 货物数量、重量及精度验收

对货物数量进行验收时,主要包括货物数量验收及货物重量验收两种。具体验收的项目包括毛重、净重、容积、面积、件数、体积丈量、长度等。

① 对计件的货物,仓管员要对物品的数量进行清点。清点时,可以采用计件法、抽验法及检斤换算法等,具体内容如表2-2所示。

表2-2 数量验收方法表

方法名称	具体内容	适合货物
计件法	逐件清点	适合散装或非定量包装的计件货物
抽验法	按一定比例对物品进行开箱点数	批量大、采用定量包装的计件货物
检斤换算法	通过重量过磅来换算该货物的数量	适用于标准包装的货物

② 对按重量计算的物品,仓管员要对其重量进行验收。仓管员在确定重量验收是否合格时,可以根据验收的磅差率与允许磅差率的比较来判断。磅差是指由于不同地区的地心引力差异、磅秤精度差异及运输装卸损耗的因素造成物品过磅时重量数值的差异。若验收的磅差

率未超出允许磅差率范围,说明该批物品合格;若验收的磅差率超出允许磅差率范围,说明该批物品不合格。不同的物品有不同的允许磅差率范围,总的来说,价格越昂贵的物品,其允许磅差率范围就越小。表2-3所示的是常见金属的允许磅差率范围。

表2-3　常见金属的允许磅差率范围表

品种	有色金属	钢铁制品	钢材	生铁、废铁	贵金属
允许磅差率	±1‰	±2‰	±3‰	±5‰	±0‰

货物重量验收的方法如表2-4所示。

表2-4　货物重量验收方法

方法名称	具体内容	适合货物
检斤验收法	对非定量包装的、无码单的计重货物进行打捆、编号、过磅和填制码单的验收方法	适合非定量包装的、无码单的货物
抄码复衡抽验法	对定量包装的、附有码单的计重货物,按合同规定的比例抽取一定数量的货物过磅的验收方法	适合定量包装并附有码单的货物
理论换算法	通过物品的长度、体积等便于测量的因素,利用一定的公式,计算出货物重量的方法	适合定尺长度的金属材料、塑料管材等
整车复衡法	检验时将整车引入专用地磅,然后扣除空车的重量,即可求得货物净重	适合大宗无包装的货物,如:煤炭、生铁、矿石等散装的块状、粒状或粉状货物
约定重量法	存货方与保管方在签订仓储保管合同时,双方对货物的皮重已按习惯数值有所约定,则可遵从其约定净重	适合不宜用过磅或理论换算来验收重量的货物
平均扣除皮重法	按一定比例将包装拆下过磅,求得包装皮的平均重量,然后将未拆除包装的货物过磅,从而求得该批货物的全部皮重和毛重	适合不宜打开所有包装进行验收的货物
除皮核实法	选择部分货物分开过磅,分别求得货物的皮重和净重,再对包装上标记的重量进行核对	适合不宜打开所有包装进行验收的货物

知识链接

磅差率计算公式

1. 实际磅差率 ＝（实收重量－应收重量）÷应收重量×1000‰

   索赔重量 ＝ 应收重量－实收重量

2. 抽验磅差率 ＝（∑抽验重量－∑抄码重量）÷∑抄码重量×1000‰

   索赔重量 ＝ 抽验磅差率×应收总重量

常见的钢材重量换算公式如表 2-5 所示。

表 2-5　常见的钢材重量换算公式

钢材类型	换算公式
圆钢	圆钢单位长度重量(千克/米) = 0.0061654d^2(式中 d 代表直径,单位为毫米)
钢管	钢管单位长度重量(千克/米) = 0.02466S(D−S)(式中 D 代表外径,S 代表壁厚,单位均为毫米)
方钢	方钢单位长度重量(千克/米) = 0.00785d^2(式中 d 代表边宽,单位为毫米)
扁钢	扁钢单位长度重量(千克/米) = 0.00785db(式中 d、b 代表边宽,单位为毫米)
钢板	钢板单位面积重量(千克/米^2) = 7.85d(式中 d 代表厚度,单位为毫米)

4. 入库

（1）安排货位

安排货位的方式可分为人工安排、计算机辅助安排及计算机全自动安排货位三种。

（2）货位储存策略

货位储存策略是指决定货物在储存区域存放位置的方法或原则。良好的储存策略可以减少出入库移动的距离,缩短作业时间,充分利用储存空间。常见的储存策略有定位储存、随机储存、分类储存、分类随机储存、共同储存等。

（3）办理入库手续

物品验收合格后,仓管员应该为物品办理入库手续,根据物品的实际检验及入库情况填写物品入库单,然后再对物品进行登账、设卡以及建档管理。

● 填制入库单

物品验收合格后,仓管员要根据验收的结果,据实填写物品入库单。在填写产品入库单时,仓管员应该做到内容完整、字迹清晰,并于每日工作结束后,将入库单的存根联整理,进行统一保存。

● 登记明细账

为了便于对入库物品的管理,正确地反映物品的入库、出库及结存情况,并为对账、盘点等作业提供依据,仓管员还要建立实物明细账,以记录库存物品动态。

实物明细账可分为无追溯性要求的普通实物明细账和有追溯性要求的库存明细账两种。对只需反映库存动态的物品,如:进入流通的物品或企业内的工具、备品备件等,可采用普通实物明细账记账。对有区分批次和追溯性要求的物品,如:企业生产所需的零部件、原材料等,可采用有可追溯性的库存明细账记账。仓管员要根据对物品的具体保管要求,选择适当的账册,对物品库存情况进行记录。

● 设置保管卡

物品保管卡又叫立卡、货卡、料卡,它是一种实物标签。

按作用不同,可分为以下三种:

① 状态卡。用于反映货物质量状态的货卡,它表明货物所处的业务状态或阶段的标志。如:合格、不合格、待检验、待处理等显示状态的货卡。

② 标志卡。用于反映货物的名称、规格、生产商等。

③ 储存卡。用于反映货物入库、出库与库存动态等信息。

● 建档

建立物品档案是指将与入库作业过程有关的资料、证件进行分类保存，从而详细地了解物品入库前后的活动全貌。它有助于总结和积累仓库保管经验，研究管理规律，提高科学管理水平。货物档案应一物一档，统一编号，妥善保管。

试一试——完成工作任务

第一步：仔细阅读任务书，理解任务内容，学习本任务核心知识内容。

第二步：各组讨论完成任务书的方法，通过看老师播放的货物入库过程视频，用语言或文字来描述货物入库流程。

第三步：小组成果展示。每组代表将小组完成的 PPT 向大家展示，并对内容进行讲解和分析。

第四步：各小组对展示内容自评和互评。

第五步：各小组把任务书交给老师。

看一看——企业案例分析

某公司仓库收货流程

一、正常产品的收货

① 货物到达后，收货人员根据司机的随货箱单清点收货。

② 收货人员应与司机共同掐铅封，打开车门检查货品状况。如货物有严重受损状况，需马上通知客户等候处理，必要时拍照留下凭证；如货物状况完好，可以开始卸货工作。

③ 卸货时，收货人员必须严格监督货物的装卸状况（小心装卸），确认产品的数量、包装及保质期与箱单严格相符。任何破损、短缺必须在收货单上严格注明，并保留一份由司机签字确认的文件（如：事故记录单、运输质量跟踪表等）。破损、短缺的情况必须进行拍照，并及时上报经理、主管或库存控制人员，以便及时通知客户。

④ 卸货时如遇到恶劣天气（下雨、雪、冰雹等），必须采取各种办法确保产品不受损。卸货人员必须监督产品在被码放到托盘上时全部向上，不可倒置，每盘码放的数量严格按照产品码放示意图（产品码放示意图一般按照托盘的尺寸及货位标准设计）指示。

⑤ 收货人员签收送货箱单，并填写相关所需单据，将有关的收货资料，包括产品名称、数量、生产日期（保质期或批号）、货物状态等交定单处理人员。

⑥ 定单处理人员接单后必须在当天完成将相关资料通知客户并录入系统。

⑦ 破损产品必须与正常产品分开单独存放，等候处理办法，并存入相关记录。

二、退货或换残产品的收货

① 各种退货及换残产品入库都必须有相应单据，如运输公司不能提供相应单据，仓库人员有权拒收货物。

② 退货产品有良品及不良品的区别，如良品退货，货物必须保持完好状态，否则仓库拒绝收货；不良品退货则必须与相应单据相符，并且有配套的纸箱，配件齐全。

③ 更换残次产品则必须与通知单上的型号、机号相符,否则仓库拒绝收货。

④ 收货人员依据单据验收货物后,将不同状态的货物分开单独存放,将退货或换残单据及收货入库单,记录有产品名称、数量、状态等资料的单证,交定单处理人员。

⑤ 定单处理人员依据单据录入系统。

思考题:

1. 该公司采用的收货流程和本任务介绍的入库作业流程有哪些异同点?

2. 货物入库的方式有哪些? 入库交接又有哪些要求?

3. 结合实际说明如何办理入库手续。

做一做——技能实训操作

通过学习本任务内容,结合"看一看——企业案例分析"中某公司仓库收货流程的描述,请你绘制一张入库流程图。

任务二 手工作业入库操作

任务书

金山石化物流有限公司于 2012 年 5 月 8 日入库上海石化股份有限公司的 20 箱涤纶长丝,存放于 A-2-1 仓位。包装清单见表 2-6。请分组完成这 20 箱涤纶长丝的入库操作,包括填写入库单、登记货物明细账、立货位卡等。

表 2-6 涤纶长丝包装清单

标准号	GB/T16604—2008	规格	144dtex/36F
牌号	302	批号	2-111219
等级	优等品		
净含量	6 kg/个	箱重	0.5 kg
丝饼数	12	体积	$62 \times 45 \times 51$ cm^3

任务展现:

固体料仓库　　　　液体料作业区　　　　气瓶仓库

任务备注：

dtex/F、tex/F 都是纤维规格的表示方法。dtex 是纤维的纤度单位"分特克斯"，即在标准状态下，以 10000 米长纤维的克重表示，如：144 克重即为 144dtex；F 表示纺丝时使用喷丝板的孔数，也表示该规格的丝具有的单丝根数，如：36F 是指纺丝时使用的喷丝板有 36 孔，即该纤维有 36 根单丝。而 tex 与 dtex 的换算关系为：1tex = 10dtex。

 学一学——核心知识介绍

一、固体化工品入库的手续

1. 货物验收

货物验收是根据验收依据和凭证，按照验收作业流程，对入库货物的数量和质量进行审核和查收的经济技术活动。凡货物进入仓库储存，必须经过检查验收，只有验收合格的货物方可入库。

验收合格的货物，应及时办理入库手续，建立档案资料及给货主签回验收单（如表 2-7 所示）。

表 2-7　验收单

订购单编号：

编号：
日期：

编号	名称	订购数量	规格符合		单位	实收数量	单价	总价
			是	否				
是否分批交货 □ 是　□ 否		会计 科目			厂商 供应		合计	
检查	抽样	％不良	验收 结果			检查 主管		检查 员
	全数	个不良						
总经理		成本会计			仓库		采购	
	主管		核算	主管		收料	主管	制单

2. 填写入库单

验收完毕后，需要将货物入库，并填写入库单（如表 2-8 所示）。

仓储作业与实训

表2-8　入库单

凭证储存编号　　23210

委托单位			进仓日期		年　月　日		存放仓位	

货号或唛头	货物名称	规格	单位	数量		重量	
				件数	每件细数	毛重 kg	净重 kg
货物情况			折吨标准	每件体积			m³
				每件毛重		kg	
				每件折合		t　共计	t

验收　　　　　　　　　　保管员　　　　　　　　　　制单

3. 登账

登账是指建立货物明细账(如表2-9所示)或库存明细账。

登账应遵循以下的规则:

① 登账必须以正式合法的凭证为依据,如:货物入库单、出库单、调拨单、领料单等。

② 一律使用蓝、黑色墨水笔登账,用红色墨水笔冲账。当发现登账错误时,不得刮擦、挖补、涂抹或用其他药水更改字迹,应在错误处划一条红线,表示注销,然后在其上方填上正确的文字或数字,并在更改处加盖更改者的印章,红线划过后的原字迹必须仍可辨认。

③ 记账应连续、完整,依日期顺序,不能隔行或跳页,账页应依次编号,年末结存后转入新账,旧账页入档以妥善保管。

④ 记账时,其数字书写应占空格的2/3空间,便于改错。

表2-9　货物明细账

存货名称:　　　　　　　　存货编号:　　　　　　　　计量单位:
最高存量:　　　　　　　　最低存量:　　　　　　　　存放地点:

年		凭证		摘要	收入	发出	结存
月	日	种类	号码				

4. 立卡

正确填制货物状态卡,如表2-10所示。

表2-10　货位卡

委托单位_____　　进仓通知单编号_____　　储存仓间_____
货物类别_____　　进仓日期　年　月　日　　货　　位_____
货物来源_____　　　　　　　　　　　　　填制日期　　年　月　日

货物名称	规格	批号	标准号	牌号	数量		重量
					件数	单位	
备注							

收发员:　　　　　　　　　　　　　　　　　　　　　　　　保管员:

仓储作业与实训

立卡能够直接反映该垛货物的品名、型号、规格、数量、单位、进出动态和积存数。卡片应按入库通知单所列内容逐项填写。货物入库堆码完毕，应立即建立货物状态卡，一垛一卡。对于此卡片的处理通常有以下两种方式。

① 由保管员集中保存管理。这种方法的优点是专人专责管理，缺点是如果有货物进出业务而该保管员缺勤时卡片处理就难以及时进行。

② 将填制的货卡直接挂在货物垛位上，挂放牢固、位置明显。这种方法的优点是便于随时与货物核对，有利于货物进出业务的及时进行和作业效率的提高。

货物验收合格，即应办理入库手续，即登账、立卡、建档，这是一项认真严肃的基础工作。货物入库登账，除仓库的财务部门有货物总账和实物明细账外，保管部门还要建立详细的保管明细账，用以记录库存货物进、出、存的动态状况，并作为与财务对账的主要依据。

5. 建档

建立验收档案，需存档的资料包括：

① 货物出厂时的各种凭证和技术资料，如：货物技术证明、合格证、装箱单、发货明细表等。

② 货物运输单据、普通记录或货运记录、公路运输交接单等。

③ 货物验收的入库通知单、验收记录、磅码单、技术检验报告。

④ 货物入库保管期间的检查、保养、损溢、变动等情况的记录。

⑤ 库内外温、湿度记载及对货物的影响情况。

⑥ 货物出库凭证。

二、液体化学品的入库操作

1. 常压槽车入库操作

（业务背景：上海金石物流有限公司收到中国石化股份有限公司 20 吨甲醇的入库通知，该辆槽罐车驶入罐区后，工作人员随即将货物卸货至储罐。）

（1）入库前的准备

① 车辆进入卸料区之前，穿戴好与装卸介质相符的劳防用品。关闭火星熄灭器，然后将随身携带的火种和手机离身，另作妥善保管。

② 车辆进入装卸区，过磅后，停好车位，熄火，如图 2-5 所示。

③ 拉好手制动，切断总电源，如图 2-6 所示。

图 2-5　过磅

图 2-6　切断电源

④ 将电门钥匙交指定地点存放。

⑤ 垫好三角木,接好静电线,如图2-7所示。

⑥ 通知灌区收货人员,确认装卸介质的确切罐位,如图2-8所示。

⑦ 做好卸液前的记录。

图 2-7　垫好三角木　　　　　　　图 2-8　进入罐位

(2) 入库操作

① 拆掉卸料接头和回气接头闷盖,接好卸料管,有回气管的接好回气管,如图2-9、图2-10所示。

② 做好卸料过程记录,如图 2-11 所示。

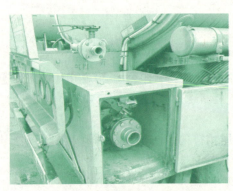 

图 2-9　卸料出口和回气口　　　　　图 2-10　接好卸料管

图 2-11　记录卸料情况

仓储作业与实训

③ 检查连接系统,确保处于良好状态,如图 2-12 所示。

图 2-12　检查连接系统

图 2-13　打开卸料阀

④ 打开内置阀,缓慢打开卸料阀,再打开回气管阀门,如图 2-13 所示。

⑤ 观察槽罐车的出料状态。

⑥ 确认卸料完毕,先关闭内置阀,后关闭卸料阀,再关闭回气阀。

⑦ 拆除卸料管,并收好。扣上出料接头和回气接头的闷盖。

⑧ 关好操作箱门。

⑨ 拆除装置静电线,调整车辆静电线,抽去三角木。

⑩ 做好卸料后的记录。

⑪ 巡视车辆一周。

⑫ 如果是顶装顶卸的,卸车流程与装车流程相同,只是不用安装液位报警仪。

（3）入库完成后

驾驶员拿好车钥匙,驶离现场,过磅,确认卸料质量。出门后停车,打开火星熄灭器开关,取回手机等个人物品。

2. 有压槽车入库操作

（业务背景:上海金石物流有限公司收到中国石化股份有限公司 25 吨液氨的入库通知,该辆槽罐车驶入罐区后,工作人员随即将货物卸货至储罐。）

（1）入库前的准备

该步骤的操作同常压槽车。

（2）入库操作

① 开启操作箱门,接好液相软管、气相软管,如图 2-14 至图 2-16 所示。

图 2-14　打开箱门

图 2-15　接液相软管

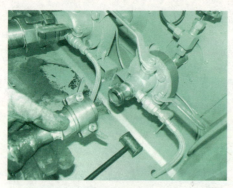
图 2-16 接气相软管

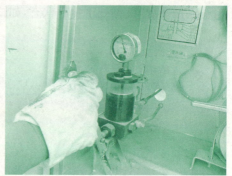
图 2-17 打开切断阀

② 检查整个系统连接状况,并确认各个阀门处于关闭状态。记录各表计的读数。

③ 通知卸液站操作人员开始卸货。

④ 操作手油泵,打开切断阀,如图 2-17 所示。

⑤ 缓慢打开气、液相球阀,如图 2-18、图 2-19 所示。如发现泄漏,应立即关闭切断阀(如图 2-20 所示)及气、液相球阀并向车队汇报。

图 2-18 打开气相球阀

图 2-19 打开液相球阀

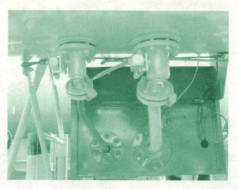
图 2-20 切断阀

⑥ 记录各表计的变化情况。

⑦ 确认卸液完毕,先关闭气相球阀,后关闭液相球阀。

⑧ 入库装置关闭阀门后,打开放散阀,将软管内的余压、余液排尽。

⑨ 拆除气、液相软管,关闭放散阀。如有异常情况应及时向车队汇报。

⑩ 填写卸液后记录,关闭操作箱门。

⑪ 拆除静电线,拿掉三角木。

⑫ 巡视、检查车辆一周。

（3）入库完成后

该步骤的操作同常压槽车。

知识链接

危险化学品输送的基本要求

1. 危险区内禁止一切与输送作业无关的施工作业,禁止无关人员进入输送作业区。

2. 禁止悬空向罐内输送危险化学品,以免产生静电;向罐内输送危险化学品的输送泵工作能力不应超过呼吸阀的工作能力,以免破坏储罐。

3. 在装卸危险化学品时,应注意罐内液面,需定时测量,保证危险化学品不从储罐溢出。

4. 根据输送危险化学品品种、牌号确定储罐。输送危险化学品前,先测量原存危险化学品数量,检查联络信号、静电接地装置、泵、管道、透气阀和电气设备及消防设备等是否良好,然后按规定流程顺序进行输送。一切准备工作就绪并经现场值班员检查核对无误后,方可输入危险化学品。如用同一条管道输送不同品种、牌号的危险化学品时,应将管道内原有危险化学品释放干净或清洗后再使用。

三、气体危险化学品的入库操作

（业务背景:上海金石物流有限公司收到中国石化股份有限公司 50 瓶乙炔的入库通知,危险品仓库工作人员随即办理货物的入库手续。）

① 金石物流通过信息系统接收中石化 50 瓶乙炔的入库订单,生成和打印预收货单。

② 仓管员选择仓库,安排货位,准备验收入库。内容物互为禁忌的钢瓶应分库储存,如:乙炔瓶和氧气瓶不得同库存放。易燃气体不得与其他种类化学危品共同储存,储存的钢瓶应直立放置整齐,并留有通道。

③ 仓管员对钢瓶进行入库验收:包装外形无明显损坏,附件齐全,封闭紧密,无漏气现象,包装使用期应在试压规定期限内,逾期不准延期使用,必须重新试压。

④ 仓管员按入库单据上的内容逐项核对产品名称、批号、数量、重量、件数等。

⑤ 货物入库,储存至对应货位。装卸时必须轻装轻卸,严禁碰撞、抛掷、溜坡或横倒在地上滚动等,不可把钢瓶阀对准人身,注意防止钢瓶安全帽脱落。操作完成后的货物如图 2-21 所示。

图 2-21 乙炔钢瓶入库

⑥ 仓管员登账,同时填写货卡。

⑦ 档案管理员整理并保存相关单据。

试一试——完成工作任务

第一步：仔细阅读任务书，理解任务内容，学习本任务核心知识内容。

第二步：各小组分工合作，根据老师提供的业务资料，轮流完成涤纶长丝的入库操作。

第三步：第一小组进行涤纶长丝的入库操作，并填写入库单、库存货物明细账和货位卡。第一小组完成后，其他小组点评其操作过程。

第四步：第二、三、四小组轮流操作，师生点评操作过程。

第五步：各小组把所填单据交给教师，师生点评单据填写的情况。

看一看——企业案例分析

某二甲胺装卸事故

某日，化运分公司驾驶员李杰和萧强驾驶一辆斯太尔半挂槽车从南京巴斯夫化工有限公司装载纯二甲胺运送到金山经纬化工厂。上午8点到达经纬化工厂，车辆过好磅后，萧强到仓库找卸货人，问清这车料需要先卸至车间的三个小球罐，待三个球罐卸满后，剩下的再卸至另外的一个大球罐。萧强就指挥李杰把车停到指定位置，萧强接好卸料罐，通知车间卸货人打开球罐进料阀和放散阀，随后萧强打开车上的阀门进行卸料。

大约卸了一个半小时，三个小球罐已满，但车上还有大约五、六吨料，李杰先关上车上的阀门和油泵，再关上球罐的阀门。但此时卸料管还满是二甲胺，李杰和萧强就按对方厂里的规定，用放散阀把卸料管里的二甲胺排入水桶，萧强拿起卸料管上下抖动，使料尽可能放光，大约放了十几分钟，他们看见水桶里没有气泡冒出，认为卸料管里应该没有残液了。李杰就准备拆卸料管，萧强则用水管对着卸料口用水冲，以防李杰吸入二甲胺，李杰按下卸料管锁口，但拔下时卸料管里的二甲胺残液突然喷到了他的手臂和前胸，造成李杰的手臂和前胸被二甲胺灼伤。

思考题：

1. 该事故的关键问题在哪？责任归谁？
2. 从该事故案例中，你得到了什么启发？

做一做——技能实训操作

根据给定的资料，如图 2-22 所示，正确清点并填写表 2-11 的货物进仓单。

货号：0145	仓位：3-3
规格：12粒/0.3g	单位：盒
细数：300	毛重：4 kg
净重：1.08 g	日期：2013.9.1
名称：贝羚胶囊	委托单位：华丰大药房
体积：(36×36×21.5)cm³	

图 2-22　货物情况

表 2-11 入库单

凭证存储编号:000032

委托单位：　　　　　进仓日期：　　　年　　月　　日　　　存放仓位：

货号	货物名称	规格	单位	数量		总重量(公斤)	
				件数	每件细数	毛重	净重

货物情况	每件体积 ＿＿＿＿＿ m³ 每件毛重 ＿＿＿＿＿ 公斤 每件折合 ＿＿＿＿＿ 吨　共计 ＿＿＿＿＿ 吨

验收：　　　　　　　　保管员：　　　　　　制单：

任务三　基于手持终端技术的入库操作

任务书

　　海星一号仓库接到上海华贸有限公司 100 箱蓝月亮洗手液的入库通知，请你作为仓库工作人员，利用条码扫描手持终端为该批货物办理入库手续并完成入库操作。

　　任务展现：

认识手持终端 ⇒ 办理入库 ⇒ 货物上架

 学一学——核心知识介绍

一、认识 RFID

1. RFID 的含义

　　RFID 是 radio frequency identification 的缩写，即射频识别技术，俗称电子标签。RFID 射频识别是一种非接触式的自动识别技术，它通过射频信号自动识别目标对象并获取相关数据，识别工作无须人工干预，可工作于各种恶劣环境。

仓储作业与实训

2. RFID 的基本组成部分

最基本的 RFID 系统由三部分组成。

（1）电子标签（tag）

电子标签由耦合元件及芯片组成，每个标签具有唯一的电子编码，附着在物体上标识目标对象。电子标签是射频识别系统的数据载体，电子标签由标签天线和标签专用芯片组成，如图 2-23 所示。

图 2-23　电子标签　　　　　图 2-24　手持式阅读器　　　　图 2-25　固定式阅读器

（2）阅读器（reader）

阅读器是读取（有时还可以写入）标签信息的设备，可设计为手持式或固定式，如图 2-24、图 2-25 所示。

（3）天线（antenna）

天线的作用是在标签和读取器间传递射频信号。

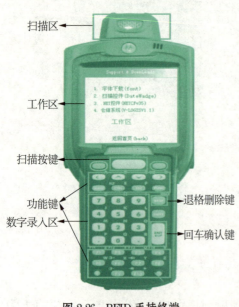

图 2-26　RFID 手持终端

3. RFID 手持终端简介

RFID 手持终端的结构及界面如图 2-26 所示。

① 扫描区：扫描电子标签，收集信息。

② 工作区：进入 RFID 操作系统界面，显示信息。

③ 数字录入区：录入货物件数等数据。

此外，RFID 手持终端上还有扫描按键，按此键可以打开扫描头扫描电子标签；功能键，按这些键可以实现某些特定功能，如：退格键删除、回车键确认等，和电脑键盘功能相似。

二、手持终端条码扫描仪的特点

由于单个电子标签价格较高，还不能给每个货位及货物都配备电子标签，目前仓库大都使用条形码加手持终端条码扫描仪，其特点包括：

第一，仓库条码管理解决方案是由条形码仓库管理系统配合条码打印机、条码标签、手持终端条码扫描仪等硬件设备集成而成，实现了仓库条码管理。仓库智能化管理解决方案综合了软件系统、条码应用、硬件系统、无线网络、系统扩展接口等多种技术,整个方案以仓库管理系统 WMS 为中心,通过系统扩展接口与外部系统相连接,所有仓库业务纳入系统一体化作业管理,通过无线移动终端设备,智能信息化应用渗透到仓库作业的每个细节及仓库现场。

第二,集成无线终端设备、条码技术、无线网络通讯技术,对仓库现场作业进行支撑,并实施收集库存移动数据,通过系统扩展接口与外部系统进行数据共享,使上层系统库存数据及时、准确,真实反映库存的实际情况,为统计部门、销售部门、管理部门提供有效的数据支持,并对仓库日常作业进行自动控制,提高作业的效率和精准度。

主要集成的硬件设备有:手持终端条形码扫描仪、条码打印机、PC 终端、无线数据发射基站(一维 100M)等。

三、手持终端条码扫描仪操作

1. 入库手持操作——入库理货

① 使用给定的用户名和密码登录手持终端系统,并选择指定的库房,如图 2-27 所示。

② 进入其应用操作主功能界面,选择"入库作业",如图 2-28 所示。进到入库作业的操作界面,选择点击"入库理货",如图 2-29 所示。

图 2-27　登录手持终端系统

图 2-28　入库作业界面

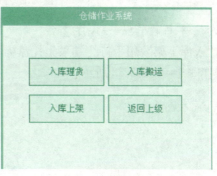

图 2-29　主功能界面

③ 手持终端采集货品条码信息。核对实收数量与订单入库数量是否一致,填写批号为:000001,点击"保存结果",如图 2-30 所示,系统会在"保存结果"的下方显示已完成理货的货物,理货操作至此完成,如图 2-31 所示。

当前操作：入库理货		当前操作：入库理货	
货品条码	9787798966879	货品条码	
托盘标签	8000000000003	托盘标签	
货品名称	蒸汽拖把	货品名称	—
规格	1×1	规格	—
批号		批号	
实收数量	16　余：16	实收数量	余：
建议数量：16		建议数量：	
保存结果 去往[托盘货架区]		保存结果	
作业已理货：0托盘		作业已理货：1托盘	
		蒸汽拖把 （1托盘16箱）	
货品编码 货品名称 计划数量		货品编码 货品名称 计划数量	
980800880 蒸汽拖把 16箱		980800880 蒸汽拖把 16箱	

图 2-30　手持终端显示条码信息　　　　图 2-31　理货操作完成界面

2. 入库手持操作——入库搬运

① 返回到"入库作业"功能界面，选择"入库搬运"。

② 点击"确认搬运"。此时，在待搬运列表中已经没有需要搬运的货品信息，证明该货物已经搬运入库，如图 2-32 所示。

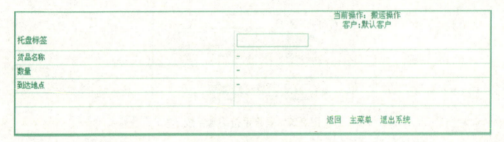

图 2-32　搬运入库界面

3. 入库手持操作——入库上架

点击"入库上架"，用手持终端采集托盘标签信息，再点击"确认上架"。至此，手持终端入库上架操作完毕，如图 2-33 所示。

图 2-33　确认上架界面

四、RFID 入库实操

（业务背景：海星一号仓库接到上海华贸有限公司 100 箱白猫洗涤净的入库通知，仓库工作人员随即办理货物入库手续。）具体操作步骤如下：

① 进入 WMS 管理系统，录入订单信息。生成和打印预收货单，打印货物标签、托盘标签，如图 2-34 所示。

② 进入手持终端界面，下载作业任务，打印、粘贴货物和托盘标签，扫描托盘条码，如图 2-35、图 2-36 所示。

③ 货物堆码至托盘，利用手持终端进行"组盘确认"，如图 2-37、图 2-38 所示。

图 2-34 打印标签等

图 2-35 打开手持终端

图 2-36 打印、粘贴标签

图 2-37 等量堆码

图 2-38 组盘确认

④ 用手持终端验收货物品名、规格等，进行实物验收，如图 2-39、图 2-40 所示。

⑤ 进入手持终端上架界面，利用手持设备收货，指派储位。

⑥ 使用叉车将货物上架，利用手持设备扫描，确认货物已上架，如图 2-41、图 2-42 所示。

图 2-39　手持终端验收

图 2-40　实物验收

图 2-41　货物上架

图 2-42　确认上架

试一试——完成工作任务

第一步:仔细阅读任务书,理解任务内容,学习本任务核心知识内容。

第二步:各小组分工合作,根据老师提供的业务资料,利用 HD 手持终端轮流完成白猫洗涤净的入库操作。

第三步:第一小组进行白猫洗涤净的入库操作。

第四步:第二、三、四小组轮流操作,师生点评操作过程。

看一看——企业案例分析

射频技术和实时信息采集给安利带来的变化

日化用品在中国面临的一大难题就是销售地域广阔,网点分布零散,各地的物流设施水平参差不齐,而市场的变化又比较快,有效管理物流运作成了每家企业面临的困难。自从 1995 年进入中国之后,安利一直在风头浪尖上独舞,虽然困难重重,却取得了占全球总销售1/3的骄人业绩。

与全国性的营销战略相对应,安利在 30 个省、市、自治区开设有 180 多家店铺。安利最远的一个店铺在新疆库尔勒,距离广州总部达 6800 公里。在交通运输始终是国内物流瓶颈的大

仓储作业与实训

背景下,这么多的店铺,这么远的距离,对安利储运系统形成了极大的挑战。

安利物流中心通过分区管理、货位管理、补货与出货管理、配送管理等环节安排,控制着原料的流入与产品的流出,在最短的时间内实现全国性的统筹规划。无论是原材料的采购还是生产的安排,以及对分布在全国21个外仓的库存控制和对全国180多家店铺的补货配货,要实现对库存状况的实时了解一直都是难点所在。

通过信息系统,各地公司与总部直接联机,共享储存每项产品的生产日期、销售数量、库存状态、有效日期、存放位置、销售价值和成本等数据。有关数据通过数据专线与各物流中心直接联机,使总部及仓库能及时了解各地区、各地店铺的销售和存货状况,并按各店铺的实际情况及时安排补货。在仓库库存不足时,公司的库存及生产系统亦会实时安排生产,并预定补货计划,以避免出现断货情况。在不懈努力下,信息系统完全实现了实时数据转换,决策部门可以随时掌握最新的数据,以做出相对准确的决策。

安利物流中心的目标是用最高的物流效率为消费者提供高质量的服务,为营销人员提供更为坚实的平台。而安利2—3天的平均供货期更是大大提前于行业的平均水平。

安利认为日用品行业在信息化方面,不仅要给公司提供决策使用的各种准确数据,更应该给顾客提供多元化的服务渠道,让他们更方便、更及时地了解公司的政策以及所要购买产品的资讯。只有这样,才能做到真正的"顾客至上"。

安利工厂采用RS/6000系统,仓库和店铺管理采用AS/400系统,这两部分通过美国的数据中心进行数据交换。在AS/400系统里包括几大模块:库存管理系统、仓储管理系统、运输管理系统、财务系统和店铺管理系统。

过去,依靠的是手工把数据输入系统。比如,仓库每天收发货之后,要把订单内容一一输入相应的系统里,等系统接收到这一部分数据的时候,其实时间已经滞后了。

现在,当仓储人员手执RF终端在货架之间穿梭取货的时候,库存管理系统就能同一时间接收到这些数据,同时相集成的几个系统也都可以从AS/400平台上读取到这个数据,完全实现数据的实时采集。

安利物流中心的收货流程是这样的:从生产线下来的产品经检查合格发整车到物流中心,在发车之前,物流中心仓库组就已经收到订单号。看到这张订单号,仓库组就已经知道这车货的详细情况,并开始安排架位。等货物到仓库时,仓库组只需按一下"输入"键,系统就可以收到信息,库存系统和全国的仓库数据也会发生实时变化。

为了更好地共享这些数据,安利的IT部开发了一套运输订单系统,通过这个系统下放一些相关的数据给外仓。总仓库存组只需每天把发货计划放到相应的界面上,外仓就可以随时进入运输订单系统查询需要的数据,在得到总仓的发货计划后,就可以安排相应的车辆配货到所辖各店铺。外仓收到货之后,按下系统中的"确认"按钮收货,总仓即可收到这一信息反馈,而外仓的车辆安排也开放到第三方物流公司的界面上。第三方物流公司每天在开放给自己的系统界面里查收运输指令并打印,按要求配备相应的车辆,在指定的时间到达仓库后,仓库管理人员核查发货指令,确认无误即可备货、装货、发车。发车之后,仓库组再一次按下"确认"按钮,这一环节的工作也即结束。

思考题:

1. 与原来相比,安利公司在哪些方面做了改变?
2. 射频技术给安利带来了什么?

做一做——技能实训操作

结合手持终端 HD 与计算机系统的使用,其标准作业流程如图 2-43 所示,观察该流程图并用文字描述其操作步骤。

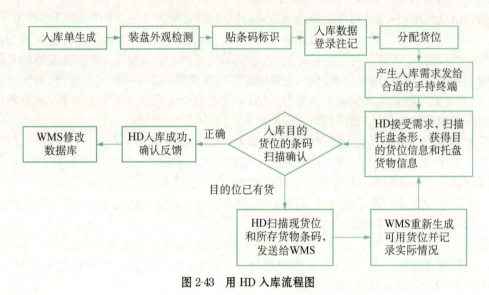

图 2-43　用 HD 入库流程图

任务四　自动化立体仓库出入库操作*

任务书

北京万盛物流公司收到客户北京欧乐科技有限公司 20 箱电机的入库通知,货物入库通知单见表 2-12。根据入库通知单,分组完成这批电机的自动化立体仓库的入库操作。

表 2-12　入库通知单

仓库名称:北京万盛物流公司　　　　　　　　　　　　　　　　2013 年 8 月 9 日

批次	12002		
采购订单号	20120809001		
客户指令号	2012080901	订单来源	E-mail
客户名称	北京欧乐科技有限公司	质量	正品
入库方式	送货	入库类型	正常

---

*注:由于自动化立体仓库的出库操作与入库操作自动化程度较高,人工操作部分较简单且有一定相似性,故将出入库放在一起作介绍。

仓储作业与实训

序号	货品编号	名称	单位	包装规格（mm）	申请数量	实收数量	备注
1	984500880	电机	箱	520×360×150	20		
合　计					20		

制单人：张三　　　　　　送货人：李四　　　　　　　　　　仓管员：

北京万盛物流公司收到客户北京欧乐科技有限公司 20 箱压缩机的出库通知，货物出库通知单见表 2-13。根据出库通知单，分组完成这批压缩机的自动化立体仓库的出库操作。

表 2-13　出库通知单

仓库名称：北京万盛物流公司　　　　　　　　　　　　　　2013 年 8 月 10 日

批次	201021		
采购订单号	20120810008		
客户指令号	2012080108	订单来源	E-mail
客户名称	北京欧乐科技有限公司	质量	正品
出库方式	自提	出库类型	正常

序号	货品编号	名称	单位	包装规格（mm）	申请数量	实收数量	备注
1	985100880	压缩机	箱	520×360×150	20		
合　计					20		

制单人：张三　　　　　　提货人：王喻　　　　　　　　　　仓管员：李刚

学一学——核心知识介绍

　　自动化立体仓库是由立体货架、巷道堆垛机、出入库托盘输送机系统、尺寸检测条码阅读系统、通讯系统、自动控制系统、计算机监控系统、计算机管理系统以及其他辅助设备（如：电线、电缆桥架、配电柜、托盘、调节平台等）组成的复杂的自动化系统。运用一流的集成化物流理念，采用先进的控制、总线、通信和信息技术，通过全部设备的协调动作，按照客户的需要完

图 2-44 自动化立体仓库

成指定货物自动有序、快速准确、高效的出入库作业。自动化立体仓库的外观如图 2-44 所示。

自动化立体仓库内的货物种类繁多,而每种货物需要识别的信息也多,除了货物名称、供货厂商等信息外,有时还需要识别生产批号、生产日期、保质期等信息,以确保实现先入先出的配送原则。此外,货物的包装规格也不一致。为了提高仓储的效率,条码、电子扫描、RFID 无线射频技术以及仓库管理系统等现代信息技术的引入,使企业能够及时掌握准确的库存信息,进而对客户的需求作出快速响应,极大地加快了货物的流通,进一步减少配送过程中的差错,增加了决策的准确性。

一、自动化立体仓库的储位管理

对自动化立体仓库的货位进行管理就是要合理分配和使用货位,既要考虑提高货位的利用率又要保证出库效率。

货位分配包含两层意义:一是为出入库的货物分配最佳货位,即入库货位的分配;二是要选择待出库货物的货位(同种货物可能同时存放于多个货位)。

分配货位时需要考虑的因素很多,适合于自动化立体仓库的货位分配原则如下:

① 货架受力情况良好。较重的货物存放在下面的货位,较轻的货物存放在高处的货位,使货架受力稳定。货物应分散地存放在立体仓库的不同位置,避免因集中存放造成的货架受力不均。

② 加快周转,先进先出。贯彻实施先进先出的原则,加快库存周转。避免因存货长期积压而产生锈蚀、变形、变质及其他损失。

③ 提高效率,就近出入库。为了保证快速响应出库的请求,提高物流效率,一般应将频繁出入库货物放在出库台附近。

④ 提高可靠性。仓库有多个巷道时,一种货物应分散在不同的巷道进行存放,防止因巷道堵塞而影响货物出库,造成供应中断。

二、自动化立体仓库业务的操作流程

在自动化立体仓库进行货物的出入库操作,其流程如图 2-45 所示。

三、自动化立体仓库的优越性

自动化立体仓库的优越性是多方面的,可从以下几个方面得到体现。

1. 高层货架存储

由于使用高层货架储存货物,储存区可以大幅度地向高空发展,充分利用仓库地面和空间,因此节省了库存占地面积,提高了空间利用率。采用高层货架储存,并结合计算机管理,有利于实现货物的先进先出,防止货物自然老化、变质、生锈和发霉。采用自动化立体仓库能够避免货

仓储作业与实训

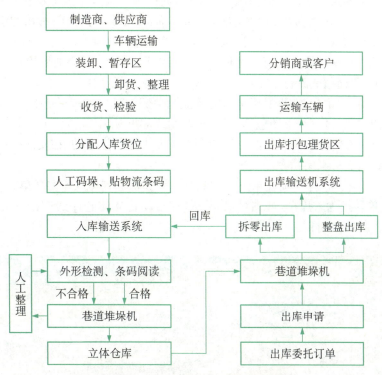

图 2-45　立体仓库出/入库操作流程图

物的丢失及损坏,对于防火防盗大有好处,也有利于防止集装箱货物在搬运过程中的破损。

2. 自动存取

使用机械和自动化设备,运行和处理速度加快,提高了劳动生产率,降低了操作人员的劳动强度。同时,能方便地纳入企业的物流系统,使企业物流更趋合理化。采用自动化技术后,还能较好地适应黑暗、低温、污染、有毒和易爆等特殊场合的物品存储需要。由计算机自动控制,实现货物的出入库作业,从而改善了工作环境,保证了安全操作,也促进了文明生产。

3. 计算机控制

计算机能够不间断且准确无误地对各种信息进行存储和管理,因此能减少货物处理和信息处理过程中的差错。这是利用人工管理无法做到的。同时借助于计算机管理还能有效地利用仓库储存能力,便于清点和盘库,合理减少库存,加快储备资金周转,节约流动资金,从而提高仓库的管理水平。由于仓储信息管理及时准确,便于企业领导随时掌握库存情况,并根据生产及市场情况及时对企业规划做出调整,提高了生产的应变能力和决策能力。使用自动化立体仓库,还会带动企业其他部门人员素质的提高,以及其他诸如提高装卸速度等间接的社会效益。

四、自动化立体仓库的出入库操作

1. 货物入库

① 操作员打开控制柜中的电源,将堆垛机和输送链控制柜内的开关都调到"自动"档上,保证堆垛机的叉伸处在中间位置。

② 运行系统中的"门禁和条码扫描"程序,以控制入库的条码扫描,出库输送链上的 RFID

读卡器以及使电子看板显示读卡的信息。点击"开始读卡"按钮,让程序处于读卡状态。

③ 打开系统中的"立库控制"程序,进入运行界面,核对堆垛机当前所在的位置,确保无误后点击"确定"按钮进入主界面,必要时需要手动调整堆垛机位置。

（系统界面说明:在堆垛机运行状态栏中,"当前层"、"当前列"会随堆垛机的移动而改变;"取行"、"取层"、"取列"和"放行"、"放层"、"放列"是指堆垛机在执行一个动作时的两个仓位地址的行层列;"启动"、"运行"在堆垛机运行时的显示会变为"1";"条码"是指入库时条码扫描器扫到的入库货物条码;"作业"下还包括入库、整盘出库和拆盘出库。

系统通过第三方物流管理软件给立库控制系统发出执行指令的,在发送指令前打开系统,系统将自动接收发送过来的指令。）

④ 根据订单的要求,操作员在第三方物流管理计算机上制作入库委托单。

⑤ 把委托单转换为入库单,如图 2-46 所示,在自动化立体仓库的控制计算机上,立库控制系统将收到相应的数据。

图 2-46　制作入库单

⑥ 制作并打印入库物流标签。

⑦ 把货物码放在木托盘上,并捆扎好。贴上入库物流标签(注意贴标签的位置),并把货物放到入库滚筒输送链上进行货物入库。

⑧ 系统自动运行,条码扫描器扫描入库货物的物流条码,自动验证是否与入库单上的货物信息相符,如果相符,堆垛机将执行入库作业,完成货物入库;如果不相符,则停止工作。

⑨ 堆垛机完成入库工作后,操作员在第三方物流软件上核销本单。

2. 货物出库

① 根据客户需求制作出库委托单。

② 根据实际的库存情况调整出库货物的信息和数量,制作出库单(一般包括两种出库方式:整盘出库和拆零出库),如图 2-47 所示。

③ 通过第三方物流管理软件向自动化立体仓库控制软件发送出库指令,立库控制系统界面上的指令状态变为"正在执行"。

● 整盘出库时,堆垛机将仓位中的货物连带托盘一起放到链式输送机上(如图 2-48 所示)。链式输送机运行,将托盘移到链式输送机尾部,然后由操作工将货物和托盘从链式输送机上拿走。

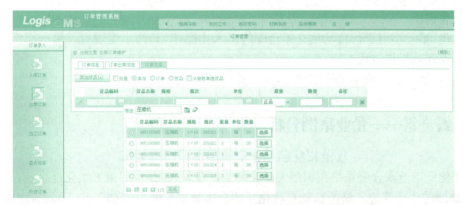

图 2-47 制作出库单

图 2-48 链式输送机

图 2-49 滚筒输送机

● 拆零出库时,堆垛机将托盘运送到入库滚筒输送机上(如图 2-49 所示),入库滚筒输送机反向运转将托盘运到拆盘部位,操作工取走相应数量的货物,然后按下"回库"按钮,托盘将被入库滚筒输送机运到堆垛机入货口,再由堆垛机将剩余的货物放回到原来的仓位。完成拆零拣货工作后,把货物放在物流盒上,并放入相对应的 RFID 出库电子标签,通过 RFID 卡来区分货物出口,使货物到达指定的分拣出口。

④ 货物出库完毕后,核销本出库单。

⑤ 打包整理员把从不同分拣口出来的货物归类整理,并用打包机进行打包。

五、注意事项

① 堆垛机工作区为危险区域,切勿进入该区域。尤其是在堆垛机工作时。

② 请勿靠近光电,以免产生干扰信号影响系统的正常运行。

③ 不要将手以及任何东西伸到输送机链条中,防止发生危险。

④ 每一次进入立库控制系统运行程序前都必须仔细核对堆垛机的当前位置。

⑤ 若中途出现故障应按下"紧急停止"按钮(红色的按钮,一般安装在主控台上)。

 ## 试一试——完成工作任务

第一步:学生仔细阅读任务书,理解任务内容,学习本任务核心知识内容。

第二步:各小组分工合作,根据老师提供的业务资料,每组轮流完成自动化立体仓库中货物的出入库操作。

第三步：第一小组进行自动化立体仓库的出入库操作，其他小组观看。第一小组完成后，其他小组点评其操作过程。

第四步：第二、三、四小组轮流操作，师生点评操作过程。

 看一看——企业案例分析

仪征化纤自动化立体仓库入出库运作

仪征化纤工业联合公司是我国最大的化纤生产基地，也是世界第五大化纤企业，具有年产50万吨聚酯的生产能力。涤纶长丝自动化立体仓库是主车间后方加工的一部分，它承担着长丝成品的入库存储、出库发送以及空托盘的自动回收处理，立体仓库的作业非常频繁。

1. 入库作业流程

自动分级包装线的码垛机将装成纸箱的长丝成品按每层5箱或6箱、共三层，码放在空托盘上，然后送到立体仓库的输送机，开始进行入库作业。货物经过入库条形码阅读器时，托盘号被扫描下来，并传送给主管理计算机HC1，HC1将托盘号与其从包装线收到的托盘信息进行比较，如果有该托盘的信息，并且没有盲码（无法读出条形码信息）标记，则HC1根据均匀分布、出库口就近和高号数巷道优先等原则进行入库地址的分配，然后把分配好的地址信息及作业命令下发给监控计算机MC。

监控机MC把托盘号和其入库的巷道号发送给入库分岔条形码系统，由控制系统根据作业命令把入库托盘送入指定的巷道输送机上。条形码系统把已分岔的托盘信息发送给MC。MC根据入库分岔条形码系统返回的信息，在入库分岔队列中消去已分岔的托盘号，并与相应的堆垛机控制器通信，按顺序下发入库作业命令，堆垛机进行相应的入库作业。

堆垛机完成入库作业后，向MC返回作业完成等信息，并等待接收下一个作业命令。MC把作业完成等信息返回给HC1进行入库登账管理。系统中设有较完善的系统安全运行的保护措施。如果堆垛机发生故障，MC自动发出"故障分停"的堆垛机命令，并进行相应的故障排除处理。当发生难以立即恢复的故障时，MC则把该信息自动通知HC1，由HC1进行"封巷道管理"，不再向发生故障的巷道分配入库货物。

入库条形码阅读器出现盲码时，HC1将不对盲码货物（托盘）分配入库地址。该盘货通过人工小车处理和检查后，从盲码处理段输送机再进行入库。入库分岔条形码出现盲码时，也通过人工小车再入库，HC1对其托盘号进行比较，若已分配其货位地址，则此次就无需再分配货位地址，也不必再向下级系统发送入库数据了。在入库输送机的相应段设有高度限制装置，以限制由于人工处理后出现的超高度的货物。

2. 出库作业流程

首先，出库操作员根据客户的购货要求将出库单（品种、数量或重量等）信息输入出库终端，并自动传送给主管理计算机HC1。HC1根据收到的出库单信息，进行库存查询，并按先入先出、各巷道均匀出库和巷道内就近出库等原则选择出库的托盘、货位地址及相应的出货台，形成批出库命令，然后下发给监控机MC。

监控机MC收到出库命令后，根据当前入出库作业的情况，对出库命令及其他作业命令（如：入库、空盘操作等）进行作业的优化调度，安排各巷道的作业次序，把安排好的作业命令（包括列、层、左右排等）逐条发送给相关的堆垛机控制器。

堆垛机按监控机 MC 的出库命令运行到指定的货位,将货物取出并送到巷道口的出库台上。堆垛机控制器根据不同的运行距离和高度选择合理的运行速度,并具有安全保护和故障处理能力。堆垛机完成一项出库作业后,控制器向 MC 返回作业完成信息,等待进行下一项作业。此时,出库输送机控制器对堆垛机刚完成出库的货物进行输送控制。

监控机 MC 收到堆垛机的作业完成信息后,把该货物的托盘号及出货台号下发给出库条形码系统,并向主管理机 HC1 返回该货物出库完成信息。主管理机 HC1 对从监控机 MC 收到的完成信息进行销账处理,实现"动态账本"功能。同时,出库条形码系统读取从其面前经过的托盘号,每读到一个托盘号都与其从 MC 收到的托盘号进行比较,并分配到相应的出库条形码阅读器。这些阅读器通过出库输送机控制系统执行相应的分岔动作,分别送到三个出库口。

载货的托盘到达出货升降台后停止运行,等待人工调整其高度,搬运工卸货后按下按钮启动空托盘输送机把空托盘自动送走。如果堆垛机在作业过程中发生了故障,则堆垛机会紧急停车,并向监控机 MC 返回故障及其类别等信息。MC 根据堆垛控制器返回的故障信息,自动分停相应巷道的堆垛机,自动或由人工进行故障排除处理。

思考题:

1. 简述案例中货物的出入库流程。
2. 本案例中,货物出入库操作是如何控制的?

 做一做——技能实训操作

上海化工物流公司收到客户上海石化 40 箱涤纶长丝的入库通知,需要入库至上海化工物流公司仓储部 1 号自动化立体库房。货物入库通知单如表 2-14 所示。

表 2-14　入库通知单

仓库名称:上海化工物流公司 1 号库房　　　　　　　　　　　　　2013 年 5 月 9 日

批次	13005						
采购订单号	20130509001						
客户指令号	20130509021			订单来源		E-mail	
客户名称	上海石化股份有限公司			质量		正品	
入库方式	送货			入库类型		正常	
序号	货品编号	名称	单位	包装规格(mm)	申请数量	实收数量	备注
1	695004322	涤纶长丝	箱	520×460×250	40		
合　计					40		

制单人:　　　　　　　　送货人:　　　　　　　　仓管员:

要求:以仓储调度员或信息管理员的身份,为入库作业计划指定储位、调用作业资源,打印储位分配单、入库单,并完成入库操作。

学习目标

通过本项目的学习,理解仓库货位的相关知识;学会仓库有关参数的计算;领会各种垛形的货物堆码;掌握仓库货物的日常检查方法;会盘点仓库中的货物。

任务一　货位管理

任务书

某仓库接收了一批矿泉水、汽水、饼干、洗衣粉、卫生纸、塑料胶桶、毛巾、大米、酱油等货物,经检验后需上货架保管,但是所有的货架并没有编号,假设 A 区和 C 区为五列三层货架,其中 B 区无货架,而每一种货物占一个货位,请为库房的货架或货位按照"四号定位法"编号,并为货物安排货位。

任务展现:

进入仓库　　　　货位编号　　　　货物上架

任务指导:

A 区存放洗衣粉的货架编号示例如图 3-1 所示。

A01－01－01 (洗衣粉)	A01－01－02 (洗衣粉)	A01－01－03 (洗衣粉)	A01－01－04 (洗衣粉)	A01－01－05 (洗衣粉)
A01－02－01 (洗衣粉)	A01－02－02 (洗衣粉)	A01－02－03 (洗衣粉)	A01－02－04 (洗衣粉)	A01－02－05 (洗衣粉)
A01－03－01 (洗衣粉)	A01－03－02 (洗衣粉)	A01－03－03 (洗衣粉)	A01－03－04 (洗衣粉)	A01－03－05 (洗衣粉)

图 3-1　洗衣粉货位图

A 区存放卫生纸的货架编号示例如图 3-2 所示。

A02－01－01 （卫生纸）	A02－01－02 （卫生纸）	A02－01－03 （卫生纸）	A02－01－04 （卫生纸）	A02－01－05 （卫生纸）
A02－02－01 （卫生纸）	A02－02－02 （卫生纸）	A02－02－03 （卫生纸）	A02－02－04 （卫生纸）	A02－02－05 （卫生纸）
A02－03－01 （卫生纸）	A02－03－02 （卫生纸）	A02－03－03 （卫生纸）	A02－03－04 （卫生纸）	A02－03－05 （卫生纸）

图 3-2　卫生纸货位图

A 区存放毛巾的货架编号示例如图 3-3 所示。

A03－01－01 （毛巾）	A03－01－02 （毛巾）	A03－01－03 （毛巾）	A03－01－04 （毛巾）	A03－01－05 （毛巾）
A03－02－01 （毛巾）	A03－02－02 （毛巾）	A03－02－03 （毛巾）	A03－02－04 （毛巾）	A03－02－05 （毛巾）
A03－03－01 （毛巾）	A03－03－02 （毛巾）	A03－03－03 （毛巾）	A03－03－04 （毛巾）	A03－03－05 （毛巾）

图 3-3　毛巾货位图

 学一学——核心知识介绍

一、货物储存方式

货物的储存是为了保证供应，将储存量控制在仓容允许的合理范围内。货物储存的方式主要有专仓专储与分区分类储存两种，它们的定义、区别及其储存货物类型如表 3-1 所示。

表 3-1　仓库货物储存方式

储存方式	定义	主要区别	储存货物类型
分区分类储存	根据货物性质、保管要求、消防方法及设备条件等，将库房、货棚、货场划分为若干保管货物的区域，进行分类储存	① 通常为通用性仓库； ② 储存货物种类多，但某一类货物数量较少； ③ 存储的货物具有互容性	① 保存条件一般的货物，如：纺织品、家电等 ② 保存时不会互相影响的货物，如：饮料与食品、肥皂与洗发水等
专仓专储	在仓库中划分出专门的仓间，用于专门储存、保管某一种货物	① 通常为专用性仓库； ② 储存货物种类少，但其数量一般较多； ③ 储存的货物性质一般较特殊，不宜与其他物品混存	① 粮食、烟酒、食糖、香料等 ② 易燃、易爆、有毒的货物 ③ 保存条件特殊的货物 ④ 特别贵重的货物

1. 分区分类储存

（1）分区分类储存货物的作用

① 可缩短货物拣选及收、发的作业时间。

② 能合理使用仓容，提高仓容利用率。

③ 有利于保管员熟悉货物的性能，提高保管养护的技术水平。

④ 可合理配制和使用机械设施，有效提高机械化、自动化操作程度。

⑤ 有利于仓储货物的安全，减少损耗。

（2）货物分区分类储存的原则

仓库分区分类储存货物应遵循以下原则：

① 货物的自然属性、性能应一致。

② 货物的养护措施应一致。

③ 货物的作业手段应一致。

④ 货物的消防方法应一致。

（3）货物分区分类储存的方法

由于仓库的类型、规模、经营范围、用途各不相同，各种仓储货物的性质、养护方法也不同，因而分区分类储存的方法也有多种，需统筹兼顾，科学规划。

● 按货物的种类和性质分区分类储存

货物的种类和性质包括自然属性，如：食品类、纺织类、日用品类等具有不同自然属性的货物需分区分类储存。

● 按货物的危险性质分区分类储存

货物的危险性质，主要是指易燃、易爆、易氧化、腐蚀性、毒害性、放射性等性质。

● 按货物的发运地分区分类储存

货物的储存期较短，并且吞吐量较大的中转仓库或待运仓库，可按货物的发往地区、运输方式、货主，进行分区分类储存。根据货物的发运地分区分类储存保管能杜绝错发、错收等现象。

● 按仓储作业的特点分区分类储存

仓储作业的特点即货物在库的搬运方式及储存条件等，如：按货物采用手工搬运方式、机械化搬运方式和自动化搬运方式对其进行分类分区储存。

● 按仓库的条件及货物的特性分区分类储存

不同性质的货物需要储存在不同条件的仓库中，如：冷链货物必须储存在冷藏库。

2. 专仓专储

专仓专储是指针对某些性质特殊、不宜与其他货物共储的货物，或为了仓库业务管理和操作的方便，在仓库中找出专门的库房，进行专门储存的方法。专仓专储储存适合于少品种、大批量的货物。单一货物专仓专储主要是按照储存货物的性质来分类，并用一个库房来储存一类货物，如：危险化学品、农药、化肥等不可以和其他货物共储一库，就需要专门库房储存；粮食对养护有特殊要求，也需要专仓专储。

二、仓库货位编号

1. 货位的编号要求

货位编号好比货物在库的"住址"。根据不同库房条件、货物类别和批量整零的情况，做好货位划线及编排序号,以符合"标志明显易找、编排循规有序"的要求。

(1) 标志设置

采取适当方法,选择适当位置。例如,仓库标志,可在库门外挂牌;库房标志,可写在库门上;货场货位标志,可竖立标牌;多层建筑库房的走道、支道、段位标志,一般都刷置在水泥或木板地坪上。但存放粉末类、软性笨重货物的库房,其标志也有印置在天花板上的;泥土地坪的简易货棚内的货位标志,可利用柱、墙、顶、梁刷置或悬挂标牌。

(2) 标志制作

统一使用阿拉伯字码制作货位编号的标志。在制作库房和走道、支道的标志时,可在阿拉伯字码外,再辅以圆圈;并且可用不同直径的圆表示不同处的标志。

(3) 编号顺序

仓库范围的房、棚、场以及库房内的走道、支道、段位的编号,基本上都以进门的方向、左单右双或自左而右的规则进行。

(4) 段位间隔

段位间隔的宽窄取决于储存货物批量的大小。

2. 仓库货位的编号方法

(1) 地址法

利用保管区中的现成参考单位(如:建筑物第几栋、区段、排、行、层、格等),按相关顺序编号,因其类似地址标识的市、区、路、号一样,因而称为"地址法"。通常采用的编号方法是"四号定位法"。

"四号定位法"是采用 4 个数字号码或字母对应库房(货场)、货架(货区)、货架列位(垛位)、层次(排次)、进行统一编号。例如:"5-3-2-11"即指五号库房(五号货场)三号货架(三号货区)第二列(第二排)第十一层货位(第十一层垛位),为方便手持终端采集数据使用,目前很多仓库都采用条形码加数据编号。

● 货架货位编号

图 3-4 是某仓库货架货位四号定位实景图,图中右一条码表示第一号仓库第 23 个货架第 1 列 A 层。

图 3-4　货架货位四号定位实景图

货架货位的四号定位法如图 3-5 所示,其中,库房号表示整个仓库的各个库房编号;货架号表示面向货架从左至右编号,如图 3-6 所示;货架列号表示面对货架从左侧起横向依次编号,如图 3-7 所示;货架层次号表示从下层向上层依次编号,用阿拉伯数字或英文编号,如图 3-8 所示。

图3-5　货架货位的四号定位法

图3-6　货架号的编制　　　　　　图3-7　货架列号的编制

图3-8　货架层次号的编制

【例 1】 二号库区一号货架第三列第四层用"2-1-3-4"表示。

编号时,为防止出现错误,可在第一位数字后加上拼音字母"K"、"C"或"P"来表示,这 3 个字母分别代表库房、货场、货棚。如 13K-15-2-6,即为十三号库十五号货架第二列第六层。

【例 2】 A 库房二号货架第三列第 A 层用"AK-2-3-A"表示。

● 货场货位编号

货场货位的表示方法如图 3-9 所示。一般有两种编号方法:

① 按照货位的排列编成排号,再在排号内顺序编号。

② 不编排号,采取从左至右和从前至后的方法按顺序编号。

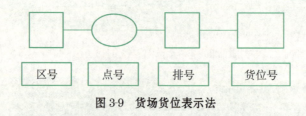

区号　　点号　　排号　　货位号

图3-9　货场货位表示法

【例 3】 C 库房二号位第三排第一位用"CK-2-3-1"表示。

● 其他方法

① 以排为单位的货架货位编号。将库房内所有的货架,以进入库门的方向,自左至右安

排编号,继而对每排货架的夹层或格眼,在排的范围内按自上而下、从前至后的顺序编号。

货位编号有时也采用"三号定位法",即用3个数字号码表示,个位数指仓间编号,十位数指楼层编号,百位数指仓库的编号。例如:142号,就是指一号库,第四层,二号仓间。

【例4】 五号库房设置16排货架,每排上下4层,共有16个格眼,其中第八排货架,第七号格眼用"5-8-7"表示。

② 以品种为单位的货架货位编号。将库房内的货架,以货物的品种划分储存区域后,再以品种占用储存区域的大小,在分区编号的基础上进行格眼编号。

③ 以货物编号代替货架货位编号。适用于进出频繁的零星散装货物;在编号时要掌握货架格眼的大小、多少与存放货物的数量、体积相适应。

【例5】 某类货物的编号从10101号至10109号,储存货格的一个格眼可放10个同编号的货物,则在货架格眼的木档上制作10101-1至10101-10的编号,并依此类推。

（2）区段法

把保管区分成不同的区段,再对每个区段进行编码。这种方法以区段为单位,每个号码代表的储区较大。区域大小根据物流量的大小而定。

（3）品类群法

把一些具有相关性的货物经过集合后,区分成几个品项群,再对每个品项群进行编码。适用于容易按货物群保管的场合和品牌差距大的货物。例如:服饰群、五金群、食品群等。

3. 绘制货物货位图

为便于管理及提高工作效率,仓库内储存区域与货架分布情况需要绘制成货物货位图。常见的表示方法有两种,分别如图3-10、图3-11所示。

```
                         货物货位图
        A库:货架 1、2、3、4、5 ················· 日用百货类
            货架 6、7、8、9、10 ················· 办公用品类
            货架 11、12、13、14 ················· 体育健身用品类
        B库:洗涤用品
        C库:货架 1、2、3 ················· 男装类
            货架 4、5、6 ················· 儿童用品类
        D库:家用电器类
```

图 3-10　货物货位图示一

品名	编号	库区号	货架号	货架列、层号
玩具熊猫	0015	A	1	3-1
变形金刚	0021	A	2	1-1

图 3-11　货物货位图示二

三、货场货位编号

货场的货位编号,目前有两种方法:一是按照货位的排列编成排号,再在排号内按顺序编号;二是不编排号,采取自左而右和自前而后的方法按顺序编号。

货场货位编号,一般用水泥块或石块作出明显的编号标志,埋在相应地点,以便对号进出货物。若一个货位堆放若干种类的货物,货位编号满足不了需要,可再编下一级的段号,一般做法是在货垛的垫木、垫石等边缘编上段号。

试一试——完成工作任务

第一步:仔细阅读任务书,理解任务内容,学习本任务核心知识内容。

第二步:指定五种(或更多)货架货物,采用"四号定位法"编号。制作指定仓库的"货物货位图"。

第二步:开展分组讨论,制作至少三种货物货架简图,并采用"四号定位法"编号。

第三步:小组成果展示,每组代表将小组的任务完成情况向大家展示,并讲解每种货物的货位。展示的小组给出五种(或更多)货架货位号,让其他同学找出相应的库存货物。

第四步:各小组对展示内容自评和互评。

第五步:各小组把任务书交给教师。

看一看——企业案例分析

天宇家电的仓库布局方案

天宇家电用品仓库,共有 16 个货区,分别储存 8 种家电。仓库有一个出入口,进出仓库的货物都要经过该口,如图 3-12 所示。

图 3-12　天宇家电仓库库内布局图

该仓库每种商品每周的存取次数与所占货区情况如表 3-2 所示,应该如何布置不同物品的货区,使总搬运量最小呢?

表 3-2　库存商品存取次数与所占货区情况表

编号	库存商品名称	搬运次数(周)	所占货区(个)	比值	排序
1	空调	200	2	100	5
2	电冰箱	540	3	180	3

编号	库存商品名称	搬运次数(周)	所占货区(个)	比值	排序
3	微波炉	520	2	260	1
4	音响	80	1	80	6
5	电视机	840	4	210	2
6	收音机	60	1	60	7
7	厨房电器	150	1	150	4
8	其他	100	2	50	8

实际上,这种仓库布置的情况比制造业工厂中的生产单元的布置更简单,因为全部搬运都发生在出入口和货区之间,而不存在各个货区之间的搬运。

进一步分析,这种仓库布置可分为两种不同情况:

① 各种商品所需货区面积相同。在这种情况下,只需把搬运次数最多的商品货区布置在靠近出入口之处,即可得到最小的总负荷数。

② 各种物品所需货区面积不同。需要首先计算某商品的搬运次数与所需货区数量之比,计算结果如表3-2所示。在本案例中,各种物品的该比值从大到小的排列顺序为(括号中为比值数):3.微波炉(260)、5.电视机(210)、2.电冰箱(180)、7.厨房电器(150)、1.空调(100)、4.音响(80)、6.收音机(60)、8.其他(50),其货区布局如图3-13所示(数字为商品编号)。

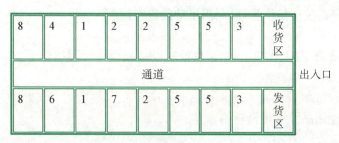

图3-13　库存商品货区布局图

以上是以总负荷数最小为目标的一种简单易行的仓库货区的布置方法。

在实际中,根据情况的不同,仓库布置可以有多种方案,多种考虑目标。例如,不同物品的需求经常是季节性的,因此,在上述案例中,也许在元旦、春节期间应把电视、音响放在靠近出入口处,而在春夏之季则应将空调放在靠近出入口处。

思考题:

1. 为什么不按商品的搬运次数而按搬运次数与所占货位多少的比值大小排序来决定其距离出入口的位置?

2. 通过本案例的学习,你对于仓库货区布局有了哪些了解?

做一做——技能实训操作

宝洁集团是中国最大的日用消费品公司,许多品牌产品在各自的市场中都处于领先的地位。图3-14是宝洁集团某分销商仓库布局情况,可以发现该仓库分为以下几个区域:

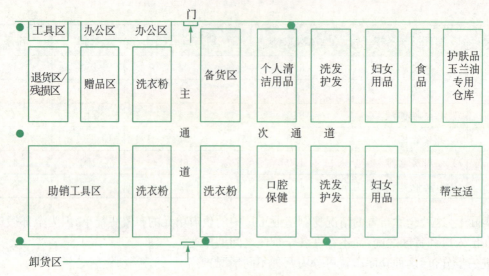

图 3-14 宝洁集团某分销商仓库布局

1. 产品区域

① 正常产品区。按品牌划分,玉兰油特别管理,产品隔离避免串味。

② 备货区。最靠近仓库大门,建议按送货路线备货。

③ 待处理区(退货和拒收)。

④ 残损品区。用红色的绳、带进行隔离,远离正常产品。

⑤ 机动区。严格按照排位管理,利用机动区进行调配。

2. 工具区域

此处保管有:清洁工具、装卸工具、害虫控制设备或设施(灭蚊灯和老鼠胶)、温湿度计、消防设施、地台板等。

3. 助销工具区

此处保管有:促销品及宣传资料等。

4. 办公区

这是仓库工作人员办理出入库业务的场所。

要求:假设你是该分销商的仓库管理员,试对该仓库布局做出分析,提出修改建议,并说明理由。

任务二 计算、核定仓容定额

任务书

测量物流实训室(或教室,如在教室进行,可摆放课桌椅作为货位),计算其建筑面积、使用面积和货位面积,画出平面布局图。测量库房高度,计算可用高度,以及地面堆垛时最高可堆货物层数。计算并核定仓容定额。

任务展现：

进入库房　　　　　测量库内面积　　　　　核定仓容定额

 学一学——核心知识介绍

一、仓容定额的计算与核定

1. 仓容定额的概念

　　仓容定额是指在一定条件下，单位面积允许合理存放货物的最高数量。所谓一定条件，是指仓储的经营条件（如：仓储管理水平、生产组织状况等）、生产技术条件（如：仓储作业的机械化程度、货物保管水平等）、仓库的自然条件、储存货物本身的性质特点等。单位面积一般以平方米计算。允许存放货物的最高数量一般按吨计算。

　　仓库面积利用率是指仓库有效面积与使用面积的合理比率，也就是在仓库中规定以多大的面积来储存货物的标准。它是反映货垛、货架科学摆放程度的指标。不同的仓库结构、储存方式和作业方式，存放不同的货物，决定了该数值也会不同。此值越大，存放货物的能力就越高，因此要通过合理布局、科学堆码等措施提高这一数值。单位面积储存量定额是指在单位有效面积内储存货物的数量。

　　仓容定额是指仓库有效面积和单位面积储存量的乘积，也就是仓库的容量，或称库房的储存能力，可作为定额确定下来。

2. 仓库有效面积的测定与合理利用

知识链接

仓库容量

　　仓库容量是指计划期内可以安排的仓容或能够储存货物的总量。可表示为：

$$仓库容量 ＝ 所有货架容量 ＋ 所有货垛容量$$

（1）仓库面积的构成

仓库的种类与规模不同，其面积的构成也不尽相同。一个仓库除了可供储存货物的库房、货棚、货场占用的面积外,尚有其他建筑物、构筑物、固定设备等所占的面积,这些占用面积显然不能用来存放货物,它们是为正常开展货物储运活动而设置的。这些作业场所、建筑物、构筑物等的构成,因仓库的种类及规模不同也有所不同,但它们都不构成仓容的面积。为了正确测定仓容,首先必须明确仓库面积的构成情况。

① 仓库建筑面积,是指仓库内所有建筑物所占平面面积之和。若有多层建筑,则还应加上各层面积累计数。仓库建筑面积具体包括:生产性建筑面积(包括库房、货场、货棚所占面积之和)、辅助生产性建筑面积(包括机修车间、车库、变电所等所占的面积之和)和行政生活建筑面积(包括办公室、食堂、宿舍等面积之和)。而对仓容来讲,仅指生产性建筑面积。因此,仓库建筑面积计算的是仓库外墙内包含的面积,等于有效面积、走道、支道、垛距、墙距、柱距及验收、备料的区域等面积及墙壁所占面积之和。

② 仓库总占地面积,是指从仓库外墙线算起,整个围墙内所占的全部面积。若在墙外还有仓库的生活区、行政区或库外专用线,则应包括在总占地面积之内。

③ 仓库使用面积,是指仓库可以用来存放货物的实有面积之和,即包括库房、货棚、货场的使用面积之和。其中库房的使用面积为库房建筑面积减去外墙、内柱、间隔墙及固定设施等所占的面积。

④ 仓库有效面积,是指在库房、货棚、货场内计划用来存放货物的面积之和,即库房使用面积减去走道、支道、垛距、墙距、柱距及验收、备料的区域等面积后所剩余的面积。为保证货物进出畅通,并符合消防、检查等要求,在库房、货棚等储存场所内应结合储存货物的保管要求及设备情况,留有适当的通道(包括消防通道)、墙距(货垛或货架离建筑物墙壁的距离)以及进行验收、备料的区域。仓库有效面积不是一成不变的,它将随着作业技术和管理技术的改变而变化。

⑤ 仓库面积利用率,是指仓库有效面积与仓库使用面积的百分比,计算公式如下:

$$仓库面积利用率 = \frac{仓库有效面积}{仓库使用面积} \times 100\%$$

由此可见,走道、支道的设置是否合理,会直接影响仓库面积利用率的高低。

知识链接

仓库长、宽、高的确定

长度:以按需要的装卸线的长度而定,库房长度一般应等于或大于装卸线的长度。

宽度:库房的宽度取决于仓库的结构和作业方式。

人工操作:>12 米;机械作业:>14～16 米;

木结构:9～15 米;钢架混凝土结构:>30 米。

高度:库房高度是根据货架或货垛高度加上上方的安全间隙,并保证通风和照明的需要来核定的。

(2)有效面积的测定

测定有效面积就是核定库房内有多少面积可用来堆放货物。测定有效面积,要对库房进行实地测量,将测量的数据标在绘制的平面图上,并进行计算和分析。

【例1】 某一平面库房墙内长 35 米, 宽 20 米, 走道宽度 3.5 米, 两条支道宽度各 1.5 米, 外墙距 0.5 米, 内墙距 0.3 米, 如图 3-15 所示。假设库内无柱子、间壁墙、扶梯、固定设备等, 则该库房的有效面积是多少? 面积有效率是多少?

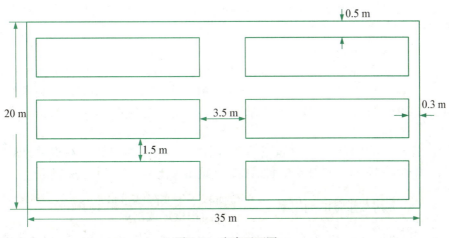

图 3-15　库房平面图

解: 库房使用面积 $= 35 \times 20 = 700$(平方米)

走道面积 $= 3.5 \times 20 = 70$(平方米)

支道面积 $= 2 \times [1.5 \times (35 - 3.5 - 2 \times 0.3)] = 92.7$(平方米)

内墙距面积 $= 2 \times 20 \times 0.3 = 12$(平方米)

外墙距面积 $= 2 \times (35 - 3.5 - 2 \times 0.3) \times 0.5 = 30.9$(平方米)

库房的有效面积 = 库房使用面积 - (走道面积 + 支道面积 + 内墙距面积 + 外墙距面积)

$= 700 - (70 + 92.7 + 12 + 30.9) = 494.4$(平方米)

采用简便计算法, 即:

库房的有效面积 $= [20 - (2 \times 1.5 + 2 \times 0.5)] \times [35 - (3.5 + 2 \times 0.3)] = 494.4$(平方米)

库房面积有效率 $= (494.4 \div 700) \times 100\% = 70.63\%$

答: 库房有效面积为 494.4 平方米, 库房面积有效率为 70.63%。

3. 单位面积储存量的测定与合理利用

单位面积储存量在客观上受到货物的性能、包装、装卸机械、库房高度和地坪载重量等条件的影响, 在主观上受到储位管理、调度安排、堆垛技术条件的影响。因此, 一般要对历史和现状进行调查分析, 充分考虑主、客观因素, 根据安全、方便、节约的原则, 对单位面积储存量合理地进行测定。

仓库货物储存量一般以吨作为计量单位。由于仓库储存的货物类型错综复杂, 有的是体积大、重量轻的轻泡货物, 有的是体积小、重量大的实重货物, 所以常分为重量吨和体积吨两种。

(1) 两种储存量的含义

① 重量吨, 又称重吨, 是指货物毛重大于 1000 千克, 而体积(包括外包装)不足或等于 2 立方米, 以货物实际重量计算的"吨"。库房里储存以重量吨计算的货物, 测定单位面积储存量时只要核定其载重量利用程度即可。

② 体积吨, 又称尺码吨、尺吨、泡吨, 是指货物体积达 2 立方米及以上, 而毛重不足 1000

仓储作业与实训

千克,以 2 立方米货物的体积折算为 1 吨。其计算公式是:

$$体积吨 = \frac{商品体积(m^3)}{2}$$

库房里储存以体积吨计算的轻泡货物,测定单位面积的储存量时只要核定其库房高度的利用程度即可。

(2) 库房载重量及其利用

① 库房载重量,即库房地面的安全载重量。它表示库房单位面积的地面所能承载货物在静止状态下的重量。库房的载重量取决于建筑结构、使用年限和折旧程度,由技术部门进行核定。在货物堆垛时,如果不考虑库房载重量而超载,会导致建筑物损坏,影响仓库建筑的使用年限。

② 库房载重量利用程度是用载重量的利用率来表示的。所谓库房载重量的利用率是指库房单位面积平均实际载重量与单位面积核定载重量的比率。其计算公式为:

$$库房载重量的利用率 = \frac{单位面积平均实际载重量}{单位面积核定载重量} \times 100\%$$

库房载重量受主客观条件的影响不可能百分之百地利用。库房载重量利用程度高,单位面积的储存量也高。反之,库房载重量利用程度低,单位面积储存量也低。

4. 仓容定额的核定

核定仓容定额是科学管理仓库和合理利用仓容的一项必不可少的管理基础工作。它是衡量仓库的仓容利用是否合理的标准,也是仓库拟定储存指标的基础。核定仓容定额需要对仓库使用的历史和现状进行调查和分析,采用统计分析的方法加以核定。核定的仓容定额既要先进,又要留有余地,不宜以满载的吨数核定。通过仓容定额的制定和执行,可以合理、充分地发挥仓库的使用效能。

(1) 核定仓容的计算公式

储存按体积吨计数的货物的储存量(t)=(使用面积×面积利用率)×(库房可堆高度×高度利用率)÷2

储存按重量吨计算的货物的储存量(t)=(使用面积×面积利用率)×(地坪载重量×载重量利用率)

(2) 影响仓容定额的因素

影响仓容定额的因素很多,如:货物本身的性质特点、形状、重量,仓库地坪的载重量,货物的堆码方法、保管方法,仓库的结构,库房的高低,以及机械化程度等都会影响仓容定额。其中货物本身的性质和地坪载重量是主要影响因素。

(3) 仓容定额的修订

仓库储存的货物数量不是固定不变的。装卸工具、堆垛技术和管理水平在不断改进和提高,作为考核仓容使用是否合理的定额标准也不能一成不变,而是要定期做出调整和修订,否则就会失去定额的效用。

二、堆高层数的计算

1. 库房可用高度

库房的可用高度是构成仓容的因素之一。可用高度是指库房横梁高度减去顶距或灯的离地高度减去灯距后剩下的高度,它是确定堆码层数的重要依据。根据消防部门的有关规定,顶距和灯距一般不低于 0.5 米。

2. 库房可用高度利用率

库房高度利用程度是用高度利用率来表示的。所谓库房可用高度利用率是指货垛平均高度与库房可用高度的比率。计算公式是:

$$库房可用高度利用率 = \frac{货垛或货架平均高度}{库房可用高度} \times 100\%$$

3. 堆高层数计算实例

【例2】 假设某仓库的一个货位存放货物 1 的长宽高及重量数据如表 3-3 所示。

表 3-3 某仓库存放的货物 1 的长宽高及重量数据表

编号	长(米)	宽(米)	高(米)	重量(公斤)
1	0.402	0.291	0.205	7.95

已知仓库的地面承载能力为 1.3 吨/米^2,库房高度为 6 米,照明灯具距离库顶 0.5 米,灯距要求为 0.5 米,请根据上述称量的货物的实际情况,求其在仓库中的最大可堆高层数。

解:可堆高层数的两种计算方式如下。

根据重量算 =(地坪承载能力 × 长 × 宽)÷ 单件货物的重量

　　　　　=(1.3 × 1000 × 0.402 × 0.291)÷ 7.95 ≈ 19(层)

根据高度算 =(库房高度 - 灯距 - 灯顶距)÷ 单件货物高度

　　　　　=(6 - 0.5 - 0.5)÷ 0.205 ≈ 24(层)

因为 24 层 > 19 层,所以货物最大可堆高层数为 19 层。

答:货物最大可堆高层数为 19 层。

按体积吨计算的货物,它的单位面积存储量受到库房高度的制约,而库房高度又受到垫垛高度、顶距大小、货物包装、批量、吞吐特点、堆垛技术等主观条件的影响,所以不能百分之百地加以利用。可用高度利用率高,单位面积储存量也高;反之则相反。

总之,提高库房可用高度利用率与提高库房面积利用率相结合,库房有效空间才能被充分利用。提高库房高度利用率有一定的限度,单位储存面积的载重量不能超过核定的载重量,所以堆垛高度会受到一定的限制。同时还要考虑到货垛高度增加以后,必须保证货垛底层的货物及其包装不受损坏。

【例3】 某冷库仓库的外墙长 40 米,宽 28 米;冷库内墙长 13 米,宽 7 米,所有墙厚 0.5 米;立柱长 0.5 米,宽 0.5 米,柱距 0.2 米,如图 3-16 所示。

(1)根据仓库示意图上所标注的尺寸,计算该仓库的建筑面积和使用面积。(列出公式,正确代入数字并计算。)

解:建筑面积 = 外墙长 × 外墙宽 = 40 × 28 = 1120(平方米)

使用面积 = 内墙长 × 内墙宽 - 柱子面积之和 - 里面墙壁的面积

　　　　 =(40 - 0.5 × 2)×(28 - 0.5 × 2)- 0.5 × 0.5 × 4 - 13 × 0.5 -(7 - 0.5)× 0.5

　　　　 = 1042(平方米)

答:建筑面积为 1120 平方米,使用面积为 1042 平方米。

仓储作业与实训

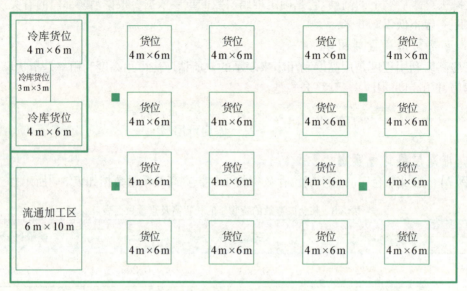

图 3-16 某仓库平面布局图

（2）根据仓库示意图上所标注的尺寸,计算该仓库中总的货位面积。（请列出公式,正确代入数字并计算。）

解：仓库中总的货位面积＝所有货位的面积之和
$$= 4 \times 6 \times 18 + 3 \times 3 = 441（平方米）$$

答：货位面积为 441 平方米。

（3）已知该仓库每平方米地面上最大承载为 1.4 吨,经测算,在业务正常开展的情况下,载重利用率最高能达到为 85％,该仓库定额储量是多少?（列出公式,正确代入数字并计算。）

解：仓库定额储量＝使用面积×面积利用率×地面承载能力×载重量利用率
$$= 1040 \times (441/1040) \times 100\% \times 1.4 \times 85\% = 524.79（吨）$$

答：仓库定额储量为 524.79 吨。

 试一试——完成工作任务

第一步：认真阅读任务书,理解任务内容,学习本任务核心知识。

第二步：各小组讨论自己所测量仓库的面积和货位面积。画出库内平面布局图,计算相关参数。

第三步：各小组讨论计算建筑面积、使用面积、货位面积、实际仓容定额。

第四步：展示规划的货位平面图、计算过程及结果。对内容讲解和分析,并接受其他小组的提问。

第五步：将完成的任务书交给老师。老师对各组完成任务情况点评,并对相关知识进行小结。

仓储作业与实训

欣怡制药公司高层货架仓库的布局

欣怡制药公司的高层货架库房内墙长 55 米,宽 46 米,高约 15 米,库内共有货架 24 行,每行货架 7 层。实际有效货位是 2560 盘,每一货位(即托盘平面为 1100 毫米×1100 毫米)的面积是 1.21 平方米,通过计算:库房有效货位面积＝1.21×2560＝3097.6 平方米,库房使用面积＝55×46＝2530 平方米。

若企业用平面仓库安排储存 2560 盘货位的货物,则需 3097.6 平方米的有效面积,同时至少要留出约 3000 平方米的非保管面积(如:通道等),即平面仓库储存 2560 盘货物需要的面积至少是 6097.6 平方米。

思考题:

高层货架仓库能节省占地面积,是否所有仓库都可以使用高层货架?

 做一做——技能实训操作

图 3-17 是某仓库平面布局图,看懂布局内容,并按照要求计算。

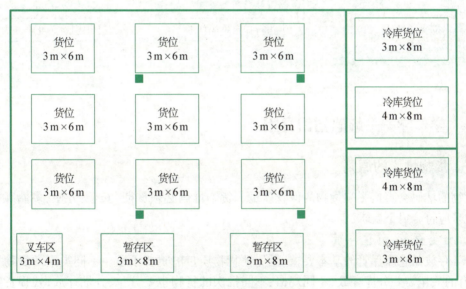

图 3-17　某仓库平面布局面

外墙长 40 m,宽 24 m,墙厚 0.3 m,冷库内墙宽 9 m,柱子长 0.6 m,宽 0.6 m,柱距 0.2 m

(1) 根据仓库示意图上所标注的尺寸,计算该仓库的建筑面积和使用面积。(列出公式,正确代入数字并计算。)

(2) 根据仓库示意图上所标注的尺寸,计算该仓库中总的货位面积。(列出公式,正确代入数字并计算。)

(3) 已知该仓库每平方米地面上最大承载为 1.6 吨,经测算,在业务正常开展的情况下,载重利用率最高能达到为 80%,该仓库定额储量是多少?(列出公式,正确代入数字并计算。)

仓储作业与实训

任务三　货物堆码与苫盖

任务书

长桥仓库某日入库 50 箱上品方便面,包装箱规格 $(355 \times 253 \times 240)$ mm³,托盘规格 $(1200 \times 800 \times 160)$ mm³,堆高层数限高 6 层,请在托盘上按照书中列出的四种堆码方式堆码。

拍摄四张货物在地面堆码的照片,识别其堆码方式,列举出适合这种堆码方式至少两种典型货物的名称。

任务展现:

| 进入仓库 | 执行托盘堆码任务 | 识别地面堆码方式 |

 学一学——核心知识介绍

一、货物堆垛的原则

货物的堆码会直接影响货物的保管质量。货物堆码必须贯彻"安全、方便、多储"的原则,具体说来应符合以下要求。

1. 分类存放,分区存放

分类存放是仓库保管的基本要求,是保证货物质量的重要手段。不同类别的货物要分类存放,有的甚至需要分库存放;不同规格、不同批次的货物也要分位、分堆存放;残损货物要与原货分开,放在原货堆边上。对于需要分拣的货物,在分拣之后,应分位存放,以免再混合。不同流向、不同经营方式的货物也要分类存放。

2. 适当的搬运活性、摆放整齐

为了减少作业时间、次数,提高仓库周转速度,根据货物作业的要求,合理选择货物的搬运活性。对搬运活性高的货物,也应注意摆放整齐,以免堵塞通道,浪费仓容。

3. 尽可能码高,货垛稳固

为了充分利用仓容,存放的货物要尽可能码高,使货物占用最少的地面面积。尽可能码高包括采用码垛码高和使用货架在高处存放,充分利用空间。货物堆垛必须稳固,避免倒垛、散垛,要求叠垛整齐、放位准确,必要时采用加固方法,如:垛边、垛头采用纵横交叉叠垛,使用固定物加固等。同时只有在货垛稳固的情况下才能码高。

4. 面向通道，不围不堵

面向通道包括两方面意思：一是垛码、存放货物的正面（即标注主标志的一面），尽可能面向通道，以便查看；二是所有货物的货垛、货位都有一面与通道相连，处在通道旁，以便能对货物进行直接作业。只有在所有货位都与通道相通时，才能保证不围不堵。

知识链接

装卸和搬运活性指数

货物的装卸与搬运活性指数是指库存货物便于装卸、搬运作业的程度。对于不同放置状态的货物应作出不同的活性规定，即"活性指数"。活性指数可分为5级，如表3-4所示。

表3-4 货物装卸与搬运活性指数说明

货物的存放状态	示意图	活性指数	货物移动的机动性
直接着地		0	移动时必须依靠人力逐一搬到运输工具上
置于容器内		1	容器不能太大，人力可一次搬上运输车，不便使用机械
置于托盘上		2	用机械（如：叉车）可方便地移动许多货物
置于车内		3	直接用车搬运，但成本较高
置于传送带上		4	货物已经在移动，可大批量地输送

二、堆码的基本要求

① 合理：对不同品种、规格、型号、牌号、等级、批次的货物，均应分开堆码；码垛时分清先后次序，便于先进先出；堆垛要注意"五距"要求。

货垛的"五距"

货垛的"五距"指的是:顶距、灯距、垛距、墙距和柱距。顶距是货垛顶端与库房屋顶之间的必要距离;灯距是货垛与照明设备之间的必要距离;垛距是货垛与货垛之间的必要距离;墙距指的是货物货垛或货架与库房内墙壁之间的必要距离;柱距是货垛与支柱之间的必要距离。

堆垛货垛时,不能依墙、靠柱、碰顶、贴灯;不能紧挨旁边的货垛,必须留有一定的间距。根据消防部门的规定,顶距和灯距一般为 0.5 米,垛距在库房中一般为 0.7 米,在货场上一般不少于 1.5 米,库房的外墙距 0.1～0.5 米,内墙距 0.1～0.3 米,柱距 0.1～0.5 米。

图 3-18　五五堆码示意

② 牢固:不偏不斜、不歪不倒,不能压坏底层货物和地坪。

③ 定量:每垛、每行、每层、每包的数量力求成整数,便于清点盘查。最好要求做到"五五堆码",即每垛、每行、每层、每包的数量是五的整倍数,以求过目即知数。五五堆码方式可以是一四五、二三五、平行五,如图3-18 所示。

④ 整齐:排列整齐有序,垛形有一定规格。横成行,竖成列,包装标志一律向外。清除沾污尘迹,清洁美观。

⑤ 节省:垛形设计紧凑,以节省仓位,提高仓库面积利用系数。

⑥ 方便:堆垛时必须考虑到检查、拆垛、分拣和发货等作业的方便,保证装卸作业的安全,并有利于提高堆码作业的机械化水平。

三、地面堆码的方法

根据货物的特性、包装方式和形状、保管的要求,方便作业和充分利用仓容,以及仓库的条件确定堆码的方法。货物堆码的方法有:散堆法、货架存放法和堆垛法等。

(1)散堆法

散堆法适用于露天存放的没有包装的大宗货物,如:煤炭、矿石、黄沙等,也可适用于库内少量存放的谷物、碎料等散装货物。散堆法是直接用堆扬机或者铲车从确定的货位后铲起,直接将货物堆高,在达到预定的货垛高度时,逐步后退堆货,后端先形成立体梯形,最后成垛,整个垛形呈立体梯形状。

(2)货架存放法

使用货架进行存放一般适用于小件、品种规格复杂且数量较少、包装简易或脆弱、易损害、不便堆垛的货物,特别是价值较高并需要经常查数的货物。

(3)堆垛法

对于有包装(如:箱、桶、袋、箩筐、捆、扎等)的货物,包括裸装的计件货物,采取堆垛的方式储存。

① 重叠式:逐件逐层向上重叠码高而成货垛,此垛形是机械化作业的主要垛形之一,适合于板材和集装箱的堆垛,如图 3-19 所示。

(a)

(b)

图 3-19 重叠式

② 纵横交错式：将长短一致，宽度排列能够与长度相等的货物，一层横放，一层竖放，纵横交错堆码，形成方形垛，如图 3-20 所示。长短一致的钢锭、管材、棒材、小型方钢及狭长的箱装材料均可采用这种垛形。

图 3-20 纵横交错式

图 3-21 仰伏相间式

③ 仰伏相间式：对上下两面有大小差别或凹凸的物品，如：槽钢、钢轨等，将物品仰放一层，在反一面伏放一层，仰伏相向、相扣，如图 3-21 所示。需要注意的是，如果角钢和槽钢以仰伏相间式码垛在露天存放，应该一头稍高，一头稍低，以利于排水。

④ 压缝式：将垛底底层排列成正方形、长方形或环形，然后起脊压缝上码。由正方形或长方形堆成的垛，其纵横断面呈屋脊形，适于阀门、缸、建筑卫生陶瓷和桶装货物的堆码，如图 3-22 所示。

⑤ 通风式：需要防潮湿、通风保管的货物，堆垛时每件货物之间都留有一定的空隙以利于通风，如图 3-23 所示。

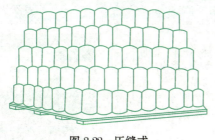

图 3-22 压缝式

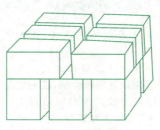

图 3-23 通风式

仓储作业与实训

图 3-24　栽柱式

⑥ 栽柱式：在货垛的两旁栽上两至三根木柱或钢棒，然后将材料平铺在柱中，每层或间隔几层在两侧相对应的柱子上用铁丝拉紧，以防倒塌，如图 3-24 所示。这种堆垛方式多用于货场中堆放的长大五金货物，如：圆钢、中空钢的堆码，且方便机械操作堆码，使用较为普遍。

⑦ 衬垫式：码垛时，隔层或隔几层铺放衬垫物，待衬垫物平整牢靠后，再往上码。利用衬垫物使货垛的横断面平整，货物互相牵制，可以加强货垛的稳固性。衬垫物需要视货物的形状而定。这种堆垛方式适用于四方整齐的裸装货物，如：无包装的电动机、阀门、水泵等，如图 3-25 所示。

图 3-25　衬垫式

图 3-26　串联式

⑧ 串联式：这一堆码方法适用于圆形（或环形）的轮胎、铅丝、盘条、电线等货物。其方法先把圆形货物串成一串整体，再用压缝式方法堆码。其优点是货垛稳固，又能节约仓容，如图 3-26 所示。

四、托盘堆码的方法

托盘堆码是近几十年来得到迅速发展的一种堆码方法。它的特点是货物直接在托盘上存放，货物从装卸、搬运入库，直到出库运输，始终不离开托盘，这就可以大大提高机械作业的效率，减少搬运次数。货物在托盘上的码放方式可采用自身堆码采用的码放形式，然后用叉车将托盘货一层层堆码起来。对于一些怕挤压或形状不规则的货物，可将货物装在货箱内或带立柱的托盘上。由于货箱堆码时，是由货箱或托盘立柱承受货垛的重量，故这种托盘应具有较高的强度和刚度。

托盘堆码主要方式及特点对比如表 3-5 所示。

表 3-5　各种托盘堆码方式及特点对比表

序号	垛形	堆码方式说明	特点	相关图片
1	重叠式堆码	重叠式也称直堆法，是逐件、逐层向上重叠堆码，一件压一件的堆码方式。为了保证货垛稳定性，在一定层数后改变方向继续向上码放，或者长宽各减少一件继续向上堆放	易于操作，四个角边垂直重叠，承载力大。层间缺少咬合，稳定性差，适用于自动堆码，并需对堆码进行加固	

序号	垛形	堆码方式说明	特点	相关图片
2	压缝式堆码	一层横放,一层竖放,两层横竖交错的堆垛方法。即上层包装压在下层两箱的缝上	稳固,不易倒垛,但不便于货物计数	
3	纵横交错式堆码	每层物品都改变方向向上堆放,即相邻两层货物的摆放旋转90°,一层横向置,另一层纵向放置	装盘简单,具有一定稳定性;各层之间咬合度不高。适用于管材、捆装、长箱装物品等	
4	正反交错式堆码	同一层中,不同列的货物以90°垂直码放,相邻两层的货物码放互为旋转180°	咬合程度高,稳定性好;操作麻烦,下部货物易被压坏	
5	旋转交错式堆码	第一层相邻的两个包装体互为旋转90°,两层间码放互为旋转180°	咬合程度高,稳定性好,不易坍塌;操作麻烦,中间会形成空穴,降低托盘的承载能力	

托盘堆码的要求如下:

① 货物码放托盘时,货物标志必须朝上,货物摆放宽度不得超过托盘宽度,每盘高度不得超过规定标准。

② 货物重量不得超过托盘规定的载重量。

③ 每盘货物必须标明件数,上端要捆扎牢固,防止跌落。

④ 托盘上货物尽量堆放平稳,便于向高处堆放。

货物的堆码方式较多,在实际操作时要依据货物的包装、重量、设备条件等情况来确定堆码方式。

五、货物苫垫作业

苫垫是保管与保养物品的必要措施,可以减轻货物受雨、露、潮气的侵蚀和受日光曝晒的危害。

仓储作业与实训

1. 垫垛

垫垛是物品在堆垛前,按垛形的大小和负重,先行垫放垫垛物,从而达到使垛底通风,并避免地面潮气从垛底侵入的目的。垫垛材料一般采用专门制作的水泥墩、石墩、枕木、木板、垫芦席、油毛毡或塑料薄膜等隔潮材料。

(1) 选择垫垛方法及材料

在进行垫垛时,应该充分考虑地面的潮湿程度及物品抗潮湿的能力。对潮湿度高的地面及怕潮的物品,应该保持较高的垫垛高度,必要时还可以在物品下方加铺一层防潮纸;而对地面较干燥的仓库及不怕潮的物品,则可以选择较低的垫垛高度;对于有些箱装、成包、成件物品,箱上或包上已有垫木的,也可不再垫垛。

常见的垫垛位置及其垫垛方法如表 3-6 所示,仓管员在进行垫垛时可以参考。

表 3-6　常见垫垛方法

垫垛位置	垫垛材料	垫垛高度
露天货场	水泥墩、石墩或固定式垛基	30～50 厘米
货棚或底层库房	水泥条、枕木	20～30 厘米
库房	水泥条、枕木、仓板或托盘	20 厘米左右

(2) 进行垫垛作业

为了使垫垛能真正地发挥作用,在进行垫垛作业时,仓管员要注意以下问题:

① 地面一定要平整夯实,防止承载负荷后下沉、倾斜、倒塌,造成货物变形和损坏。

② 垫底时,要注意垫底材料的排列方向,枕木的空隙要对准走道或门窗,以利通风、散潮。

③ 垫基要摆平放正,以保证物品摆放平整。

④ 下垫要保持一定的高度,以保证雨水不浸入、不潮湿,通风良好。

⑤ 垫基间距适当,直接接触货物的衬垫面积与货堆底面积相同,货物不得超出货垛外。

⑥ 要做好垛基周围排水沟道的疏通工作,以防止积水浸泡物品。

2. 苫盖

露天货场存放的物品,除了垫垛外,还应该选择适宜的苫盖物对其进行苫盖,防止物品直接受到雨、露、雪、风沙及阳光的侵蚀。

知识链接

货物苫盖要求

对具有排水性能,不怕雨、雪、风及日光的货物,或使用时必须进行再加工的原材料(如:生铁),可以不加苫盖。对于怕热、怕潮的货物必须使用隔离式苫盖。

---

(1) 选择苫盖材料

苫盖的材料一般有铁皮、席子、油毡纸、塑料布、苫布等。其中铁皮、席子、油毡、塑料布的成本较低廉,可以大量使用;而苫布的价格较高,只适于应急使用。

(2) 确定苫盖方法

苫盖方法一般有以下几种,其操作方法及特点如表 3-7 所示。仓管员要根据物品的性质及自然条件,选择适当的苫盖方式。

表 3-7　各种苫盖方法的操作说明及其特点

序号	苫盖方法	操作说明	特点	示意图片
1	隔离苫盖法	将苫盖物覆盖在预先制作的三角架上,或用席片、竹片等使苫盖物与货物保持一定空隙	主要用于防雨、防日光,但防湿、防风沙性差	
2	鱼鳞式苫盖法	将苫盖物自货垛底部逐层向上围盖,从外形看呈鱼鳞状	操作复杂,但能够起到全面的防护作用	
3	活动棚架苫盖法	利用废次钢材或木料制成棚架,在棚架上面及四周铺围玻璃瓦或铁皮等物,并在棚柱底部装上轮子,使货棚可沿固定轨道移动	按照棚架动力的不同可分为人工推动式和电力机械驱动式两种。主要用于防雨,但防湿、防风沙性差	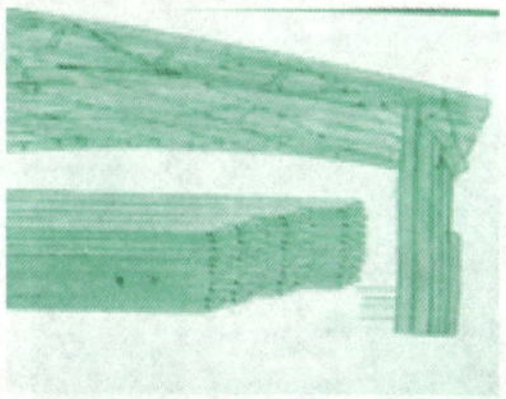
4	就垛苫盖法	将苫盖物直接覆盖在货垛上	能够起到全面的防护作用	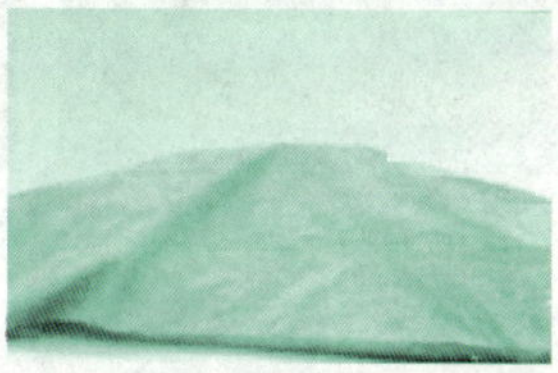

（3）进行苫盖作业

在进行苫盖作业时,仓管员需要注意以下问题:

① 要做到苫盖严密,物品不外露,苫盖底部与垫垛平齐,不腾空或拖地。

② 苫盖要牢固,可以通过绑扎或压实,做到刮风不开、下雨不漏。

③ 苫盖接口要紧密,互相叠盖,无缝隙。

④ 保证苫盖物起脊,肩部有斜度,使雨水能够顺利地流下,不要出现平台垛及凹心垛。

⑤ 苫盖物要注意季节性,夏季使用防水材料,冬季注意防风雪。

⑥ 注意货垛参数,货垛参数是指货垛的长、宽、高,即货垛的外形尺寸。

⑦ 货堆应正确苫垫,苫指遮盖,垫指垫底。有些库存货物需要用油布、席子进行遮盖。以防灰尘、雨水侵蚀。对于底层的库房、货棚,在堆垛货物时,一定要垫底。垫底通常用木条、水泥条、石条等,将货物垫起,垛底距离地面在 30～50 厘米之间,以便垛底通风。同时在地面上

铺垫苇席、油毡或塑料薄膜以隔潮。

综上,堆码和苫盖是确保货物质量、提高仓库利用率的必要措施。

试一试——完成工作任务

第一步:认真阅读任务书,理解任务内容,学习本任务核心知识。

第二步:分四组在托盘堆码四种货物,根据包装物规格和托盘规格之间的比例关系,合理堆码第一层和第二层,做到整齐牢固、利用率高。

第三步:学生阐述各种码放方式的优缺点。

第四步:各小组根据教材中给出的九张货物地面堆码照片,识别其堆码方式,分别说出两种典型货物名称,要求用PPT以表格的形式展示出来。

第五步:各小组完成任务情况点评,并对相关知识小结。

第六步:把完成的任务书交给老师。

看一看——企业案例分析

观察如图3-27所示的货物堆码,并在表3-8中列出每种堆码方式及适合的货物。

图 3-27　货物地面堆码图

表 3-8　货物堆码方式识别表

编号	垛形	适合的货物
1		
2		
3		
4		

做一做——技能实训操作

作业一　设计堆码方式

10月15日上午,北方盛大集团公司将一批涤纶长丝送达金石物流公司仓库,请各分公司

仓储作业与实训

（即实训小组）组织完成货物的入库堆码工作。

　　货品：涤纶长丝 A5

　　数量：55 箱

　　规格：100 g×12 盒／箱

　　外包装尺寸：402 mm×301 mm×150 mm

　　净重/毛重：10.8 kg/13.6 kg

　　1. 设计地面堆放和托盘堆放两种堆放方案。

　　2. 计算两种堆放方案所占用的仓容。

　　3. 先设计好方案的分公司立即进行实地操作（可用托盘、叉车等搬运工具将货物运送到堆垛区进行堆垛），其他分公司进行观摩和评价。

作业二　苫盖方式识别

　　图 3-28 所示的是不同苫盖方式的图片，观察这些图片，判断苫盖方式是否正确，如果错误，请指明错误的原因，填入表 3-9。

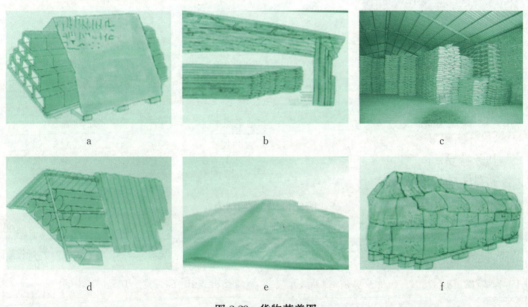

图 3-28　货物苫盖图

表 3-9　货物苫盖方式识别

编号	苫盖方式	错误原因
a		
b		
c		
d		
e		
f		

仓储作业与实训

任务四　货物盘点

任务书

学期即将结束,学校准备开展新学期的教材征订工作,为了尽量避免过多库存,造成浪费,需要对学校仓库现有的库存图书进行盘点。盘点准备要点如下:

盘点时间:2012 年 12 月底;

所需人员:财务人员 1 名,教材科老师 1 名,物流专业老师 1 名,学生 20 名;

所需时间:1 天;

盘点表格:盘存单(30 张以上),盘存盈亏汇总表(10 张以上);

盘点方法:大盘点,即对学校仓库内图书的全部库存进行全面盘点。

任务展现:

 →  →

盘点准备　　　　　　　　　实地盘点　　　　　　　　统计盈亏

任务指导:

初盘明细表示例见表 3-10。

表 3-10　初盘明细表

经管部门:教务处　　　　　盘点日期:2012 年 12 月 26 日　　　　　盘点时间:8:00

货位	货号条码	教材名称	出版社	作者	账存	实盘	盈亏	备注
1-1	9787561787397	物流业务流程(1 版)	华师大出版社	陈百建	105	103	−2	
1-2	9787502587598	现代化工物流技术(1 版)	化工出版社	陈砺等	13	13	0	
1-3	9787040296976	物流客户服务(2 版)	高教出版社	郑　彬	18	17	−1	
1-4	9787040296934	物流客户服务(1 版)	高教出版社	郑　彬	5	4	−1	过期
1-5	9787111175102	集装箱运输实务(1 版)	机械出版社	汪益兵	8	5	−3	过期
1-6	9787111175148	集装箱运输实务(2 版)	机械出版社	汪益兵	28	28	0	

教材科负责人:张得　　　盘点人:王冰　　　会点人:李兰　　　复盘人:王吉

学一学——核心知识介绍

在仓库储存过程中,有些货物会因存放时间太长或保管不当使其质量受到影响。为了对库存货物的数量进行有效控制,并查清货物在库中的质量状况,必须定期或不定期地对各储存场所进行清点、计数或计重,清查结果与账面结存核对,计算出盈亏,作出处理,这一过程就是盘点。简而言之,货物盘点是指对库存货物清点实存数、查对账面数的业务活动。

一、盘点的目的

1. 查清实际库存数量

由于众多原因(如:收发中记录库存数量时多记、误记、漏记,作业中导致货物损坏、遗失,验收与出货时清点有误,盘点时误盘、重盘、漏盘等),往往会导致账面库存数量与实际存货数量不符,通过盘点清查实际库存实物数量与账面数量、货卡数量的相符情况,同时还可以查出账外货物的数量,发现问题并查明原因,及时进行调整。

2. 计算企业资产的损益

库存货物总金额直接反映企业流动资产的使用情况。库存量过高,流动资金的正常运转将受到威胁;而库存金额又与库存量及其单价成正比。盘点可以准确地计算出企业实际损益。

3. 发现货物管理中存在的问题

通过盘点查明盈亏原因,发现作业与管理中存在的问题,例如,查明超储积压货物的数量,并做出相应的措施,可以提高库存管理水平,减少损失。

综上所述,库存货物的盘点有利于反映库存数量的真实性和提高保管质量。

二、盘点的内容

1. 查数量

通过点数、计数查明货物在库的实际数量,核对库存账面资料与实际库存数量是否一致。

2. 查质量

检查在库货物的质量有无变化、有无超过有效期和保质期、有无长期积压等现象,必要时还必须对货物进行技术检验。

3. 查保管条件

检查保管条件是否与各种货物的保管要求相符合。如:堆码是否合理稳固,库内温度是否符合要求,各类计量器具是否准确等。

4. 查安全状况

检查各种安全措施和消防、器材是否符合安全要求,建筑物和设备是否处于安全状态。

三、盘点的步骤

盘点作业一般根据以下几个步骤进行:盘点计划、确定盘点时间、确定盘点方法、盘点人员培训、整理盘点现场、实地盘点、查清差异原因、处理盘点结果,如图 3-29 所示。

1. 盘点计划

一般而言,盘点计划在复盘日期的一个月前就要具体拟订并发布。比如,预定 6 月 26 日

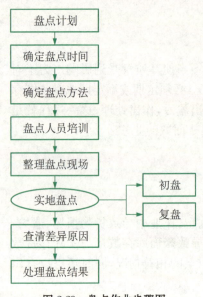

图 3-29　盘点作业步骤图

盘点计划 → 确定盘点时间 → 确定盘点方法 → 盘点人员培训 → 整理盘点现场 → 实地盘点（初盘、复盘）→ 查清差异原因 → 处理盘点结果

到 6 月 30 日为复盘,那么 5 月 31 日前就要确立盘点计划。这样才能确保仓库人员做好初盘,以待复盘的顺利进行。

2. 确定盘点时间

为保证账物相符,货物盘点次数越多越好,但盘点需投入人力、物力、财力,有时大型全面盘点还可能引起生产的暂时停顿,所以,合理确定盘点时间非常必要。引起盘点结果盈亏的关键原因在于出入库过程中发生的错误,出入库越频繁,引起的数据误差也会随之增加。

盘点的日期一般会选择在:

① 财务结算前夕。通过盘点计算损益,以查清财务状况。

② 淡季进行。因淡季储货较少,业务不太繁忙,盘点较为容易,投入资源较少,且人力调动也较为方便。

3. 确定盘点方法

因盘点场合、要求的不同,盘点的方法也有差异,为满足不同情况的需要,尽可能快速准确地完成盘点作业,所确定的盘点方法要对盘点有利,不至于造成盘点时混淆。

（1）账面盘点法

账面盘点法是指将每一种货物分别设立各自的“存货账卡”,然后将每一种货物的出入库数量及有关信息记录在账面上,逐笔汇总出账面库存结余量。

（2）现货盘点法

现货盘点法是指对库存货物进行实物盘点的方法。按盘点时间频率的不同,现货盘点又分为期末盘点和循环盘点。

① 期末盘点是指在会计计算期末统一清点所有货物数量的方法。由于期末盘点是将所有货物一次点完,因此工作量大、要求严格,通常采取分区、分组的方式进行。分区即将整个储存区域划分成一个一个的责任区,不同的区由专门的小组负责点数、复核和监督。一个小组通常至少需要三人,第一个人负责清点数量并填写盘存单,第二个人负责复查数量并登记复查结果,第三个人核对前两次盘点数量是否一致,对不一致的结果进行检查。等所有盘点结束后,再与计算机或账册上反映的账面数核对。

② 循环盘点是指在每天、每周清点一部分货物,一个循环周期将每种货物至少清点一次的方法。循环盘点通常对价值高或重要的货物检查次数更多,而且监督也严密一些,而对价值低或不太重要的货物盘点次数可以少一点。循环盘点一次只对少量货物盘点,所以通常只需保管人员自行对照库存数据进行点数检查,发现问题按盘点程序进行复核,并查明原因,然后调整。也可以采用专门的循环盘点单登记盘点情况。

要得到最准确的库存情况并确保盘点无误,可以采用账面盘点与现货盘点结合的方法,以查清误差出现的实际原因。

知识链接

货物盘点的其他方法

（1）动态盘点法。动态盘点法又称永续盘点、日常盘点,是指及时核对处于动态的货物(即发生过进出库的货物)的余额是否与账、卡相符的一种盘点方法。采用动态盘点法发现问题快,有利于及时处理。

(2) 重点盘点法。重点盘点法是对进出库动态频率高或易损耗的,或价值昂贵的货物所采取的一种盘点方法。

(3) 全面盘点法。全面盘点法是指对在库货物进行全面的盘点清查,多用于清仓查库或年终盘点。

(4) 临时盘点法。临时盘点法又称突击性盘点,是指在台风、梅雨、严冬等灾害性季节里进行临时性突击检查。

4. 盘点人员培训

盘点人员的培训分为两部分:一是针对所有人员进行盘点方法及盘点作业流程的训练,让盘点作业人员了解盘点目的和表格、单据的填写;二是针对复盘与监盘人员进行认识货品的训练,让他们熟悉盘点现场和盘点货物,对盘点过程进行监督,并复核盘点结果。

5. 清理盘点现场

盘点作业开始之前必须对盘点现场进行整理,以提高盘点的效率和盘点结果的准确性,清理工作主要包括以下几个方面的内容:

① 盘点前对已验收入库的货物进行整理、归入储位,对未验收入库属于供货商的货物,应区分清楚,避免混淆。

② 盘点场关闭前,应提前通知,将需要出库配送的货物提前做好准备。

③ 账卡、单据、资料均应整理后统一结清以便及时发现问题并加以预防。

④ 预先鉴别变质、损坏货物。对储存场所堆码的货物进行整理,特别是对散乱货物进行收集与整理,以方便盘点时计数。在此基础上,由货物保管人员进行初盘,以提前发现问题并加以预防。

6. 实地盘点

实地盘点可分为初盘和复盘两部分进行。

(1) 初盘阶段

在初盘阶段,首先由盘点主持人以计算机或会计部门的"永续盘存账"为基准制作出"初盘明细表"(见表3-11),交给仓库主管,要求依照并盘点出应有数量,同时依据新储位整顿存置定位,挂上盘点单,记录初盘有关字段,并把初盘结果(包括盘盈、盘亏的差异)呈报盘点主持人。也可以由盘点主持人直接制作"盘点单"(见表3-12)交给初盘人员。

表3-11 初盘明细表

经管部门:　　　　　　盘点日期:　　　　　　盘点时间:

货位	货号	物品名称	规格	单位	期初库存	本期收入	本期支出	账存	实盘	盈亏

经管部门负责人:　　　　　盘点人:　　　　　会点人:　　　　　复盘人:

表 3-12　盘 点 单

货物盘点单			NO.	
品类代号			简称	
货号				
品名				
规格				
计量			应有初盘量	
初盘	日期		盘点人	
	实盘量		盘盈(亏)量	
复盘	日期		盘点人	
	实盘量		盘盈(亏)量	
存料状态	□ 良　品G □ 不良品B □ 呆　料D	备注		

　　每一品类打印一份"初盘明细表",以利该品类(各料项)仓库人员在初盘作业中方便使用。
　　依据"初盘明细表",仓库人员在初盘阶段逐一清点,再挂上"盘点单",这是最合理的初盘方式。

小链接

　　"盘点单"或称"盘点卡",大多由稍硬的卡纸印制,且有铁丝可绑挂,绝大多数设计成三联式,第一联悬挂料架上(清算完成后再取消),第二联由复盘者撕下交予盘点主持人,第三联由初盘人员撕下呈交盘点主持人,用于反馈信息以明确责任。

　　(2) 复盘阶段
　　初盘完成后,就可进入复盘阶段。复盘工作多由盘点主持人指派与被盘点部门权责无关的部门人员担任。例如,物料仓库大多由人事、营业、设计等部门人员去担任工作,而不会由采购或品管去担任,因为后两者与物料仓库关系较为密切,需要内部控制。
　　复盘工作较为单纯,是根据初盘阶段的"盘点单"去复查。复盘者可以要求被盘者逐项将料品卸下,深入清点,再记录实际状况,填入"复盘"有关字段内。平常是撕下"盘点单"一联,报予盘点主持人。
　　复盘时一般是采取"抽样"详查,每一个货项都要"盘"到,即使略盘(依容器标准内装数乘以容器数,得出总数,但要检查容器是否已"落实"整顿)亦可。但每隔若干料项,一定要详盘,也就是要求初盘人把该货项从储位上卸下,逐一点数,以确认其初盘的确实度。如发现有不少的"不落实"之处,可以向盘点主持人呈报,要求重新做一次初盘的工作。

7. 查清差异原因
　　盘点会将一段时间以来积累的作业误差,及其他原因引起的账物不符等情况暴露出来。发现账物不符,而且当差异超过容许误差时,应立即追查产生差异的原因。

一般而言,产生盘点差异的原因主要有如下几个方面:

① 信息员素质不高,出入库作业登录数据时发生错登、漏登等情况。

② 账务处理系统管理制度和流程不完善,导致货品数据不准确。

③ 盘点时发生漏盘、重盘、错盘等计数错误现象。

④ 盘点前数据未结清,使账面数不准确。

⑤ 因环境条件的影响,使货物挥发、硬化、生锈、发霉等。

⑥ 由于盘点人员不尽责导致货物损坏、丢失等后果。

⑦ 运输过程中发生损耗,但入库验收时未发现。

8. 处理盘点结果

查清原因后,为了通过盘点、使账面数与实物数保持一致,需要对盘点盈亏和报废品一并进行调整。除了数量上的盈亏,有些货物还会通过盘点进行价格的调整。这些差异的处理,可以经主管审核后,用货品盘点数量盈亏、价格增减更正表(见表 3-13)进行更正。

表 3-13　货品盘点数量盈亏、价格增减更正表

年　　月　　日

货品编号	货品名称	单位	账面结存			盘点实存			数量盈亏				价格增减				差异因素	负责人	备注
			数量	单位	金额	数量	单位	金额	盘盈		盘亏		增价		减价				
									数量	金额	数量	金额	单价	金额	单价	金额			

单位主管:　　　　　　　仓库主管:　　　　　　　仓管员:　　　　　　　复核:

盘点结果属于合理盈亏时(如:超过保管期、货物的质量情况已不适合存放),应填制盈亏报表。合理盈亏是指货物损耗在允许的范围内,属于合理的自然损耗。盘点结果超过允许范围时(如:货物损耗过多,超过正常值),应填制报损单,并查明原因、分清责任,在仓库领导批准后作报损处理。通常情况下,保管员应承担一定的经济责任。库存货物盘点发现盈亏后,应对盈亏的结论是否真实、凭证是否遗失、盘点是否有遗漏、盈亏是否在额定的损耗和允许的磅差范围内、原因分析是否合理等进行分析,以确保盘点工作的准确性。

四、库存货物的检查

1. 检查的内容

货物检查的内容包括以下四点:

一是检查货物所处环境的保管条件,包含苫垫严密、库房无漏水、场地无积水、门窗通风、温度适宜、清洁卫生,以及其他保管条件。

二是检查货物的质量变化动态,特别注意货物的水分、气味、颜色,以及包装物的外观、货垛状态等是否有异常。

三是检查各种安全防护措施是否落实、消防设施是否正常。

四是检查在库货物质量有无变化、是否超过有效期和保质期、有无长期积压等现象，必要时还必须对货物进行技术检查。

综上所述，检查的主要内容有：查质量、查数量、查保管条件、查计量衡具、查安全隐患。

2. 检查的方法

检查的方法主要有日常检查、定期检查、临时检查和循环检查等。

① 日常检查，是指保管员每天都对保管货物进行常规检查。

② 定期检查，是指根据季节变化和工作需要，对在库货物进行定期检查。

③ 临时检查，是指灾害性天气发生前后对在库货物进行临时性检查，或工作中发现问题后进行针对性检查。

④ 循环检查，是指仓库保管员对在库货物分批分类检查，一个循环查完全部货物。

五、基于 RFID 设备的盘点

1. 基于 RFID 技术的智能仓储管理系统概述

基于 RFID 技术的智能仓储管理系统是通过出入库的远距离自动识别及盘点的实时性信息，给原仓管系统提供可靠的库存信息的核对，以及快速对物或人的定位查找功能，可增强仓库实时性管理及防盗能力。智能仓库管理系统构成如图 3-30 所示。

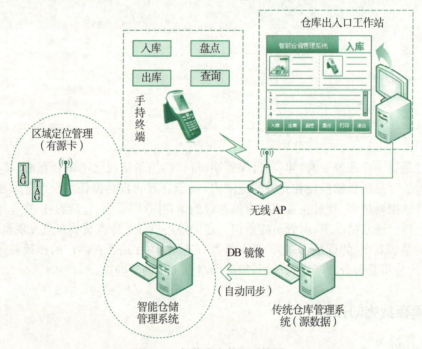

图 3-30　智能仓库管理系统图

2. 智能仓储管理系统的优势

目前传统的仓储管理系统是通过条形码进行分类识别，RFID 智能仓储管理系统与之相比优势非常明显。

（1）快速扫描

传统条形码每次只能有一个条形码接受扫描；RFID 读写器可同时辨识、读取数个 RFID 标签。

（2）体积小型化、形状多样化

RFID不需要为读取精确度而配合纸张的固定尺寸和印刷品质，更适合往小型化与多样化形态发展，以方便嵌入或附着在不同形状、类型的产品上。

（3）抗污染能力和耐久性

传统条形码的载体是纸张，因此容易受到污染，但RFID对水、油和化学药品等物质具有很强的耐受性。此外，由于条形码是附于塑料袋或外包装纸箱上，所以特别容易受到折损；RFID卷标是将数据存在芯片上，因此可以免受污损。

（4）可重复使用

现今的条形码印刷上去之后就无法更改，RFID标签内储存的数据可以动态更新，可以回收并多次使用。

（5）穿透性和无障碍阅读

条形码扫描机必须在近距离而且没有物体阻挡的情况下，才可以识读条形码。RFID能够穿透纸张、木材和塑料等非金属、非透明的材质，进行穿透性通信，不需要光源，读取距离更远。但无法透过金属等导电物体进行识别。

（6）数据的记忆容量

一维条形码的容量是50字节，二维条形码最大容量可储存2到3000字节，RFID最大的容量则有数兆字节。随着记忆载体的发展，数据容量也有不断扩大的趋势。未来物品所需携带的资料量会越来越大，对标签的扩容需求也会相应增加。

（7）安全性

由于RFID承载的是电子信息，其数据内容可经由密码保护，使其内容不易被伪造及编造，安全性更高。

3. 基于 RFID 设备盘点的步骤

基于 RFID 设备盘点的步骤如图 3-31 所示。

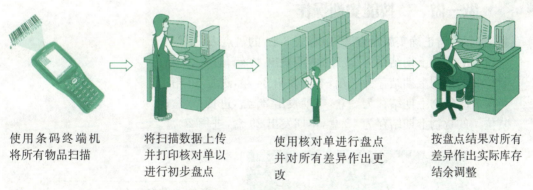

使用条码终端机将所有物品扫描　将扫描数据上传并打印核对单以进行初步盘点　使用核对单进行盘点并对所有差异作出更改　按盘点结果对所有差异作出实际库存结余调整

图 3-31　RFID 设备盘点步骤图

4. RFID 设备盘点的优点

① 防止出现因手工作业导致的失误。

② 使工作质量更平均并缩短时间。

③ 用便携式打印机即时打出盘点结果的列表（防止出现盘点遗漏）。

④ 将盘点实绩即时收集呈报上一级系统（节省数据输入和核算时间）。

⑤ 同时可进行对照库存账簿进行确认的工作。

试一试——完成工作任务

第一步:认真阅读任务书,理解任务内容,学习本任务核心知识。

第二步:各小组分组讨论,如何组织安排货物的盘点工作,要求各个小组分别制定盘点计划(如:了解盘点背景、确定盘点时间、人员和盘点方法、准备盘点表格等),组织开展盘点作业,并填写相应的表格。

第三步:成果展示。各小组分别根据实际场景进行设计和演练。

第四步:各小组互评,由老师分别对各组完成任务的情况作点评,对相关知识进行小结。

第五步:将完成的任务书交给老师。

看一看——企业案例分析

沃尔玛采用 RFID 标签管理衣服

RFID 射频识别是一种非接触式的自动识别技术,它通过射频信号自动识别目标对象并获取相关数据。识别工作无须人工干预,可适应各种恶劣环境。此外,RFID 技术还可识别高速运动物体并可同时识别多个标签,操作快捷方便。

从 2010 年 8 月份开始,沃尔玛推出了一个电子 ID 标签计划,以跟踪牛仔裤和内衣。服装上可移动的 RFID 智能标签能使员工快速获取库存盘点结果——知道有多少件衣服、哪些尺寸的服装缺货,也可知道哪些尺寸还有存货。沃尔玛要求供应商将这些电子标签附加到可移动的纸质标签或包装上,而不是被嵌在衣服里,还能防止个人隐私泄露。

思考题:

沃尔玛采用 RFID 标签管理衣服具有什么优势?

做一做——技能实训操作

根据记录,请正确实施盘点,并填写表 3-14 的盘点表:

货位 1 的货物上期结存为 13 箱,本期发出 40 箱,进货 32 箱;

货位 2 的货物上期结存为 4 箱,本期发出 34 箱,进货 36 箱;

货位 3 的货物上期结存为 8 盒,本期发出 26 盒,进货 25 盒;

货位 4 的货物上期结存为 12 盒,本期发出 29 盒,进货 20 盒。

图 3-32　货位 1

委托单位:华联超市	
名称:康师傅红烧牛肉面	
货号:4255	货位:4－1
规格:115 g	单位:箱
细数:12	日期:2012.12.8

仓储作业与实训

委托单位:华联超市

名称:统一冰红茶

货号:5793　　　货位:4-2

规格:500 ml　　单位:箱

细数:12　　　　日期:2012.12.8

图 3-33　货位 2

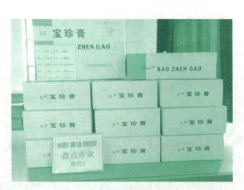

委托单位:华联超市

名称:宝珍膏

货号:8833　　　货位:4-3

规格:5×2 张　　单位:盒

细数:20　　　　日期:2012.12.8

图 3-34　货位 3

委托单位:华联超市

名称:珍菊降压片

货号:8764　　　货位:4-4

规格:2×12 片　　单位:盒

细数:24　　　　日期:2012.12.8

图 3-35　货位 4

表 3-14　盘点表

经管部门:　　　　　　盘点日期:　　　　　　盘点时间:

货位	货号	物品名称	规格	单位	期初库存	本期收入	本期支出	实盘	盈亏	备注

经管部门负责人:　　　　盘点人:　　　　　会点人:　　　　复盘人:

仓储作业与实训

项目四　货物养护

学习目标

通过本项目的学习,学会识别货物在保管储存过程中的质量变化类型和影响因素;了解货物养护的基本要求;会记录仓库温湿度的变化过程,了解温湿度变化的影响因素,会根据需要调节仓库的温湿度;能根据化工品货物保管保养措施进行操作。

任务一　货物保管与养护

任务书

上海长桥物流有限公司仓库里有新进的日用品、酒类、香烟和水果四类产品,请你为这些货物设计保管养护方案。

方案设计格式见表 4-1:

表 4-1　货物保管养护方案

	日用品	酒类	香烟	水果
保管方法或条件				
注意事项				

学一学——核心知识介绍

一、认识引起库存货物变化因素

货物质量发生变化,通常是由一定因素引起的。为了保养好货物,确保货物的安全,必须找出引起变化的原因,掌握货物质量变化的规律,货物在存储过程中进行的保养和维护工作就是货物养护。

仓储作业与实训

货物养护的目的在于维持货物的质量,减少损耗,维护货物在库安全,保护货物的使用价值。工作方针是以防为主、防治结合。进行货物养护需要研究货物质量的变化。研究货物质量变化的目的,在于通过货物质量变化的现象,找出货物质量变化的原因,掌握货物质量变化的规律,从而可以更好地进行货物保管工作。

通常引起货物变化的因素可分为内因和外因,内因决定了货物变化的可能性和程度,外因则是促进这些变化产生的条件。

1. 影响库存货物变化的内因

货物本身的组成成分、分子结构及其所具有的物理性质、化学性质和机械性质,决定了其在储存期发生损耗的可能程度。通常情况下,有机物比无机物易发生变化,无机物中的单质物比化合物易发生变化;固态货物比液态货物性质稳定且易保存保管,液态货物又比气态货物性质稳定并易保存保管;化学性质稳定的货物不易变化、不易产生污染;物理性质中吸湿性、挥发性、导热性差的货物不易变化;机械强度高、韧性好、加工精密的货物易保管。

(1)货物的物理性质

货物的物理性质是指货物的形态、结构,以及在湿、热、光等作用下,发生变化时不改变货物质量的性质。货物的物理性质主要包括吸湿性、导热性、耐热性、透气性等。

> **知识链接**
>
> 货物吸着或释放水分的性能即吸湿性。对于吸湿量大的货物,为了做好货物的养护工作,入库验收时应该进行含水量检测。

(2)货物的机械性质

货物的机械性质是指货物的形态、结构在外力作用下的反应。货物的这种性质与其质量关系极为密切,是体现适用性、坚固耐久性和外观的重要内容,它包括货物的弹性、可塑性、韧性、脆性等力学性。这些货物的机械性质对货物的外观及结构变化有很大的影响。

(3)货物的化学性质

货物的化学性质是指货物的形态、结构以及货物在光、热、氧、酸、碱、温度、湿度等作用下,发生变化时会改变货物本质的性质。与货物储存紧密相关的化学性质包括:货物的化学稳定性、货物的毒性、腐蚀性、燃烧性、爆炸性等。

> **知识链接**
>
> 化学稳定性是指货物受外界因素作用,在一定范围内,不易发生分解、氧化或其他变化的性质。例如,磷的化学稳定性差,保管中应注意与外界隔离。
> 毒性是指货物能破坏有机体生理功能的性质。
> 燃烧性是指剧烈的氧化反应,并伴随有热、光同时发生的性质。

(4)化学成分

① 无机成分的货物。无机成分货物的构成成分中不含碳原子,但包括碳的氧化物、碳酸

及碳酸盐,如:化肥、部分农药、搪瓷、玻璃、五金及部分化工货物等。无机成分的货物,按其元素的种类及其结合形式,又可以分为单质物、化合物、混合物等三大类。

② 有机成分的货物。有机成分货物指以含碳原子的有机化合物为其成分的货物,但不包括碳的氧化物、碳酸与碳酸盐。这类货物的种类相当多,如:棉、毛、丝、麻及其制品,化纤、塑料、橡胶制品、石油产品、有机农药、有机化肥、木制品、皮革、纸张及其制品,蔬菜、水果、食品、副食品等。这类货物成分的结合形式也不相同,有的是化合物,有的是混合物。单一成分的货物极少,多数货物含杂质。所以,货物成分有主要成分与杂质之分。主要成分决定着货物的性能、用途与质量,而杂质则影响着货物的性能、用途与质量,会给储存带来不利影响。

(5) 货物的结构

货物的种类繁多,各种货物又有各种不同形态的结构,所以要求用不同的包装盛装。如:气态货物的分子运动快、间距大,多用钢瓶盛装,其形态随盛器而变;液态货物的分子运动比气态慢、间距比气态小,其形态亦随盛器而变;只有固态货物才有一定外形。虽然货物形态各异,概括起来,可分为外观形态和内部结构两大类。货物的外观形态多种多样,所以在保管时应根据其形态结构合理安排仓容,科学地进行堆码,以保证货物质量的完好。货物的内部结构即构成货物成分的结构,即货物的分子及原子结构,是人的肉眼看不到的结构,必须借助于各种仪器来进行分析观察。微观结构往往决定着货物的性质,有些货物的分子组成和分子量虽然完全相同,但由于结构不同,性质就有很大差别。

知识链接

货物的化学成分、外形、体态结构会直接因空气湿度的改变而发生变化。

总之,影响货物发生质量变化的因素很多,主要包括:货物的性质、成分、结构等内在因素,它们是研究货物在储存期间质量变化规律的基础,这些因素之间是相互联系、相互影响的统一整体,工作中决不能孤立对待。

2. 影响货物质量变化的外因

货物在储存期间的变化虽然是货物内部活动的结果,但与储存的外界因素也有密切关系。这些外界因素主要包括:自然因素、人为因素和储存期。

(1) 自然因素

自然因素主要指温度、湿度、有害气体、日光、尘土、杂物、虫鼠雀害、自然灾害等。

① 温度对库存货物的影响。一般来说,绝大多数货物在常温下都能保持正常的状态。大部分货物对温度的适应都有一定范围。低沸点易挥发的货物,在高温下易挥发;低熔点的货物,温度高时易熔化变形造成粘连流失;具有自燃性的货物,在高温下因氧化反应而释放大量的热,当热量聚积不散时,就会导致自燃发生。温度过低,也会对某些货物造成损害。

② 湿度对库存货物的影响。具有吸湿性的货物,在湿度较大的环境中会结块。绝大多数金属制品、电线、仪表等在相对湿度达到或超过 80% 时锈蚀速度会加快。但是某些货物的储存环境却要求保持一定的潮湿度,如:木器、竹器及藤制品等,在相对湿度低于 50% 的环境中会因失水而变形开裂,但是当相对湿度大于 80% 时又容易发生霉变。

③ 大气中有害气体对库存货物的影响。大气中有害气体主要来自燃料,如:煤、石油、天然气、煤气等燃料放出的烟尘以及工业生产过程中的废气。大气中灰尘的主要来源是自然界

的风化物及工业烟尘。对空气的污染,主要是二氧化碳、二氧化硫、硫化氢、氯化氢和氮等气体的排放引起。

④ 日光、尘土、虫鼠雀等对库存货物的影响。适当的日光可以去除货物表面或体内多余的水分,也可抑制微生物等的生长。但长时间在日光下曝晒会使货物或包装物出现开裂、变形、变色、褪色、失去弹性等现象。尘土、杂物能加速金属锈蚀、影响精密仪器仪表和机电设备的精密度和灵敏度;虫鼠雀不仅能毁坏货物和仓库建筑,还会污染货物。

⑤ 自然灾害主要有雷击、暴雨、洪水、地震、台风等。

(2) 人为因素

人为因素是指人们未按货物自身特性的要求或未认真按有关规定和要求作业,甚至违反操作规程而使货物受到损害或损失的情况。这些情况主要包括:

① 保管场所选择不合理。一般条件下,普通的黑色金属材料、大部分建筑材料和集装箱可在露天货场储存;怕雨雪侵蚀、阳光照射的货物放在普通库房及货棚中储存;有一定温湿度条件要求的货物应相应存在冷藏、冷冻、恒温、恒温恒湿库房中;易燃、易爆、有毒、有腐蚀性的危险货物必须存放在特种仓库中。

② 包装不合理。为了防止货物在储运过程中受到可能的冲击、压缩等外力破坏,应对库存物进行适当的捆扎和包装,如果不捆扎或捆扎不牢,将会造成倒垛、散包,使货物丢失或损坏。某些包装材料或形式选择不当不仅不能起到保护货物的作用,还会加速库存物受潮变质或受污染霉烂的过程。

③ 装卸搬运不合理。装卸搬运活动贯穿于仓储作业过程的始终,是一项技术性很强的工作。各种货物的装卸搬运均有严格的规定,如:平板玻璃必须立放、挤紧、捆牢,大件设备必须在重心点吊装,胶合板不可直接用钢丝绳吊装等。实际工作表明,装卸搬运不合理,不仅会给货物造成不同程度的损害,还会威胁到劳动者的生命安全。

④ 堆码苫垫不合理。垛形选择不当、堆码超高超重、不同货物混码、需苫盖而没有苫盖或苫盖方式不对,都会导致库存物损坏变质。

⑤ 违章作业。在库内或库区违章明火作业、烧荒、吸烟等,都会引发火灾,造成更大的损失及危害。

(3) 储存期

货物在仓库中停留的时间越长,受外界因素影响发生变化的可能性就越大,而且发生变化的程度也越深。货物储存期的长短主要受采购计划、供应计划、市场供求变动、技术更新,甚至金融危机等因素的影响,因此仓库应坚持先进先出的发货原则,定期盘点,将接近保存期限的货物及时处理,对于落后产品或临近淘汰的产品限制入库或随进随出。

综上所述,货物质量变化是内外因共同作用的结果。货物养护的基本要求就是了解货物的保管性能、严格验收入库货物、合理选择存储条件,以减缓外界因素对货物质量的不良影响。

二、普通货物保管与养护

1. 物理变化

这是指货物仅改变其本身的外部形态(如:只在气体、液体、固体"三态"之间发生变化),在变化过程中没有生成新物质,而且可以反复进行变化的现象。例如:货物的串味、渗漏、沾污、干裂等。表4-2所示的是货物物理变化产生原因及相应保管保养措施。

表 4-2　货物物理变化产生原因及相应保管保养措施

变化类型	产生原因	受影响的货物	保管保养措施
挥发	气体经汽化,液体经挥发,固体经升华	香精、白酒、香水、化学试剂、农药、汽油、油漆等	防日照和过冷过热;与含水物较多的货物分区
溶化	固体货物因吸湿变为液体	食糖、糖果、硼酸、无机盐、氯化钙等	分类储存,注意包装、防潮、吸湿
熔化	低熔点货物受热软化或液化	香脂、发蜡、松香、石蜡、蜡烛、油膏、胶囊、糖衣片	在阴凉通风的库房内储存,注意密封、隔热、防日照
渗漏	因包装破损,液体或膏状物发生饱冒滴漏	液状物品或膏状物品	加强包装管理、做好温湿度控制与管理
串味	吸附性较强的货物因吸附其他气体、异味所致	大米、面粉、木耳、食糖、饼干、茶叶、卷烟等	采用密闭包装,储存和运输过程中不混存、不混运
沉淀	含胶质和易挥发成分的货物,在高低温下发生部分凝固	墨汁、墨水、雪花膏、汽油、牙膏、饮料、酒品等	防日照和过冷过热,改善生产、运输、储存过程
玷污	因脏物、污物使货物外表受影响	纺织品、纸张、印刷品、精密仪器、仪表等	改善卫生条件,加强包装管理
破损与变形	受到碰、撞、挤、压和抛掷而破损、变形	玻璃、陶瓷、搪瓷、皮革、塑料、橡胶制品等	妥善包装、轻拿轻放、不要超高堆码

知识链接

　　(1) 液体货物的挥发速度与气温高低、空气流动速度的快慢、货物沸点、液体表面接触空气面积的大小成正比。液体货物的挥发不仅容易影响人体健康,而且还会引起燃烧、爆炸。对于沸点低、易挥发的货物,应存放在温度较低的库房内。

　　(2) 影响溶化的主要因素包括空气湿度、空气温度、货物成分。货物之所以发生溶化是由于这类货物具有吸湿性和水溶性。化学结构是影响化学品类货物溶化的主要参数。

　　(3) 对于容易发生沉淀的货物,必须做好的工作有:严密包装和货物冬季保温、夏季降温。

　　(4) 竹、木制品失水开裂,新鲜蔬菜、果品蔫萎等都是高温引起的现象。温度升高时液态货物体积膨胀也会导致渗漏现象产生。

　　(5) 玻璃制品在存储过程中最应注意机械运动所带来的损坏。

2. 化学变化

　　货物的化学变化与物理变化有着本质的区别,它是指构成货物的物质发生变化后,不仅改变了外表形态,也改变了货物的本质,并有新物质生成,且不能恢复原状的变化现象。化学变化是货物的质变过程,严重时会使货物完全丧失使用价值。货物的化学变化形式主要有氧化、分解、水解、化合、聚合、裂解、老化、锈蚀等。表 4-3 所示的是货物化学变化产生原因及相应保管保养措施。

表 4-3　货物化学变化产生原因及相应保管保养措施

变化类型	产生原因	受影响的货物	保管保养措施
氧化	货物与空气中的氧气或其他能放出氧气的物质接触,发生与氧气结合的化学变化	化工原料、纤维制品、橡胶制品、金属材料、油脂、亚硝酸钠等	干燥、通风、防潮、防热
分解化合	在力、电、声、光、热、酸、碱及潮湿空气等条件下发生分解或化合反应	双氧水、漂白粉、熟石灰、电石等化工产品	妥善包装、防潮、防热、防日照等
水解	货物遇水发生水解反应(酸、碱对水解反应有促进作用)	化工原料中的无机盐、化学试剂,油脂、硅酸盐、肥皂、羊毛制品、棉纤维等	采用阻隔包装,储存过程中注意防潮和分类储存
锈蚀	受潮湿空气影响发生氧化反应、电化学反应造成电化学腐蚀	金属材料、金属制品、机械设备等	防潮、防热,进行表面处理
聚合	在日光、氧气、高温等条件下发生聚合、缩合反应,改变货物性质	有机合成单体、植物油等	防日照和过热
裂解	在日光、氧气、高温等条件下,有机高分子产生断键,分子量降低	橡胶、塑料、合成纤维、棉、麻、丝、毛制品等	防日照和过热
风化	含结晶水的物质,在一定温度下失去结晶水,货物发生解体,改变原来的形态和性质	化学试剂、化工原料、玻璃、硫酸锌等	密封包装,控温、控湿
老化	含有高分子有机物成分的货物,在日光、氧气、高温等因素的作用下,性能逐渐变差	橡胶、塑料、合成纤维等	防日照和过热

知识链接

（1）锈蚀不仅会使货物的重量减少、质量变化,而且还会影响货物使用价值。

（2）电石受潮时,会分解生成乙炔和氢氧化钙。

（3）水解的实质是分子与水作用而发生的复分解。发生分解后,货物不仅数量减少,而且质量降低,有的在分解时会产生一定的热量和可燃气体。

（4）棉麻及丝织品,如果长期与日光接触,会发生变色现象,这种变化属于氧化反应。棉织品在酸性溶液中,特别是在强酸的催化作用下,易于水解,使纤维的大分子链接断裂,相对分子质量降低,分解成单个纤维分子,从而使纤维强度大大降低,但棉织品在碱性溶液中却是比较稳定的。

（5）福尔马林是甲醛气体的水溶液,在低温下容易聚合成三聚甲醛或多聚甲醛,产生浑浊沉淀,也改变了其原有的性质。

（6）爆炸分化学爆炸和物理爆炸。例如，烟花的爆炸是化学爆炸，啤酒瓶爆炸是物理爆炸。玻璃长期在空气温湿度的影响下会发生风化，使其光泽度和透明度降低。

（7）茶叶在长期储藏中，即使不霉变，质量也会降低的现象称之陈化。陈化主要是茶单宁的破坏和浸出物总量减少，所以储存茶叶一定要干燥密封。

（8）在货物保管中，应注意哪些货物可以或不可以同库存放，以尽量避免货物发生分解或水解。

3. 生化变化

生化变化是指有生命活动的有机体货物，在生长发育过程中，为了维持其生命，本身发生的一系列生物化学变化。如：粮食、水果、蔬菜、鲜鱼、鲜肉、鲜蛋等有机体货物，在储存过程中，受到外界条件的影响和其他生物作用，往往会发生这样或那样的变化。这些变化主要有呼吸、发芽、胚胎发育、后熟等。表 4-4 所示的是货物生化变化产生原因及相应保管保养措施。

表4-4　货物生化变化产生原因或其影响及相应保管保养措施

变化类型	产生原因或影响	受影响的货物	保管保养措施
呼吸作用	有机体货物在生命活动过程中，不断地进行呼吸，分解体内有机物，产生热能，维持其本身的生命活动	原粮、水果、蔬菜、鲜鱼、鲜肉等	调节气温储存，保证有机体货物正常而最低的呼吸
发芽	有机体货物在适宜的条件下，在酶的作用下，冲破"休眠"状态	原粮、种子等	控制货物的水分，加强温湿度管理
胚胎发育	大大降低禽蛋的新鲜度和食用价值	禽蛋	低温储存、气调储存（终止供氧条件），或采用饱和石灰水浸藏
后熟作用	后熟是指瓜果、蔬菜类食品在脱离母株后继续其成熟过程的现象。瓜果、蔬菜等的后熟作用，将改进色、香、味以及适口的硬脆度等食用性能	瓜果、蔬菜	成熟前入库，并立即控制储藏条件来调节其后熟过程

有机体的呼吸作用与水分、温度、通风条件有关。由于呼吸作用，有机体分解出来的水分，有利于有害微生物的生长繁殖，加速霉变。粮食、果蔬在保管过程中，若水分、氧气、温度等条件适宜，就可能引起发芽。对于鲜活食品，应在其成熟之前采收并采取控制储藏条件的办法，来调节其后熟过程，达到延长储藏期，均衡上市时间的目的。

4. 微生物变化

货物在储存过程中，受到其他微生物（细菌、酵母菌、霉菌等）的感染，发生一系列变化，如：霉腐、虫蛀等。微生物在生命活动过程中会分泌一种酶，利用它可以把有机货物中的蛋白质、纤维素、糖等分解为简单的物质，加以吸收和利用，从而发生霉变和腐败。在气温高、湿度大的季节，如果仓库的温、湿度控制不好，储存的针棉织品、皮革制品、鞋帽、纸张、香烟以及中药材等许多货物就会生霉，肉、鱼、蛋类会腐败发臭，水果、蔬菜会腐烂。货物在储存期间，常常会遭到仓库害虫的蛀蚀。经常危害货物的仓库害虫有多种，仓库害虫在危害货物的过程中，不仅破坏货物的组织结构,使货物发生破碎和孔洞,而且其排泄的各种代谢废物污染货物,影响货物质量和外观,降低货物使用价值,因此害虫对货物危害性也是很大的。因此,易霉腐、虫蛀的货物在储存时,应根据货物的含水量情况,采取不同的措施,防止微生物、仓虫的生长繁殖,并严格控制温、湿度,做好货物防霉和除虫工作。

试一试——完成工作任务

第一步:仔细阅读任务书,理解任务内容,学习本任务核心知识内容。

第二步:各小组通过网络或者书籍等资源查阅,熟悉任务书中四种货物的属性,查找所需资料,讨论完成任务书的内容。可以在小组内部进行分工,不同的人设计不同的方案,最后小组共同讨论修订。

第三步:小组成果展示。每组代表将小组完成任务情况向大家作展示(以纸张或 PPT 的形式)。展示内容一般包括四种物品的保管方法(或条件)、注意事项,对内容进行讲解和分析。

第四步:各小组对展示内容自评和互评。

第五步:各小组把任务书交给教师。

看一看——企业案例分析

赤湾港散装化肥流通加工中的保管

赤湾港是中国重要的进口散装化肥灌包港口和集散地之一,每年处理进口化肥灌包量均在 100 万吨以上。赤湾港涉及了对化肥多品种、多形式的港口物流拓展,涵盖了散装灌包、进口保税、国际中转、水路铁路公路配送等多项服务。

赤湾港从国外进口化肥的装运采用散装方式,到达港口以后,通过门式起重机的抓斗,卸货到漏斗,通过漏斗输送到灌包房,灌包房设有散货灌包机(45～51 吨/小时)28 套。利用灌包机将散装化肥灌成每包 50 公斤的袋装肥料再进行销售。

赤湾港的散粮钢板筒仓采用美国齐富技术(容量 52000 立方米)和德国利浦技术(容量70000 立方米)建造,两大系统功能互享,最大程度上对粮谷的装卸、输送、计量、储存、灌包、装船、装车、倒仓、策问、通风、除尘、清仓、灭虫等进行科学有效的控制,将进出仓的合理损耗严格控制在范围内。港运粮食码头在对小麦、大麦、大豆、玉米等农产品多品种的分发操作积累了专业技术优势和仓储保管经验。

思考题:

1. 结合案例分析一下,在库房中,货物保管包括哪几方面的任务?
2. 在仓库货物保管中应遵循哪些原则?
3. 影响货物质量变化的因素有哪些?

做一做——技能实训操作

A、B、C、D 四家公司准备将下列货物(分别见表 4-5 至表 4-8)存储在上海卓康仓储有限公司,存期分别为 2012 年 7 月 10 日～2012 年 10 月 30 日、2012 年 7 月 12 日～2012 年 9 月 12日、2012 年 7 月 20 日～2012 年 9 月 20 日、2012 年 7 月 15 日～2012 年 9 月 25 日。请为这四个客户的货物分别制定保管养护措施(要求措施、办法应具体、详细,符合货物的特性,并且要体现环保和成本节约的原则）。

表4-5　A公司储存货物一览表

序号	品名	包装及承重	数量	重量
1	双氧水	500 g/玻璃瓶,12瓶,纸箱; 纸箱尺寸:(68×54×46)cm³; 承重:150 kg	50 箱	0.345 吨
2	黄磷	50 kg/铁桶; 铁桶尺寸:高85 cm,直径50 cm; 承重:650 kg	120 桶	6.0 吨
3	碳化钙	50 kg/铁桶; 铁桶尺寸:高85 cm,直径50 cm; 承重:650 kg	200 桶	10 吨
4	重铬酸钾	50 kg/铁桶; 铁桶尺寸:高85 cm,直径50 cm; 承重:650 kg	250 桶	12.5 吨
5	重铬酸钠	50 kg/铁桶; 铁桶尺寸:高85 cm,直径50 cm; 承重:650 kg	150 桶	7.5 吨
6	氢氟酸	50 kg/木箱; 木箱尺寸:(92×65×75)cm³; 承重:500 kg	60 箱	3.0 吨
7	磷化锌	50 kg/木箱; 木箱尺寸:(92×65×75)cm³; 承重:500 kg	100 箱	5.0 吨
8	甲酸	50 kg/铁桶; 铁桶尺寸:高85 cm,直径50 cm; 承重:650 kg	80 桶	4.0 吨

表4-6　B公司存储货物一览表

序号	品名	包　装	数量	重量
1	差频电疗机	1 台/箱,5 kg/箱	100 台	0.5 吨
2	血糖分析仪	1 台/箱,6 kg/箱	250 台	1.5 吨
3	肝脏冷冻治疗仪	1 台/箱,7 kg/箱	200 台	1.4 吨
4	益母草膏	250 g/瓶,30 瓶/箱	300 箱	2.25 吨
5	板蓝根	10 g/袋,100 袋/箱	500 箱	0.5 吨
6	硫酸亚铁片	100 g/瓶,60 瓶/箱	100 箱	0.6 吨
7	口服补液盐	150 g/盒,20 盒/箱	200 箱	0.7 吨
8	清凉油	150 g/大盒,20 大盒/箱	300 箱	1.2 吨

表4-7　C公司存储货物一览表

序号	品名	包装及承重	数量	重量
1	冻猪肉	1片/袋,35 kg/袋; (120×65×20)cm³; 承重:850 kg	500袋	17.5吨
2	冻牛肉	50 kg/袋; (100×55×40)cm³; 承重:850 kg	1000袋	50吨

表4-8　D公司存储货物一览表

序号	品名	包装及承重	数量	重量
1	红豆牌男女西装	M:12套/箱,24.5 kg/箱; L:10套/箱,24.5 kg/箱; XL:8套/箱,24.5 kg/箱; XXL:6套/箱,24.5 kg/箱	120箱	2.94吨
2	可乐	可口可乐:6瓶/箱,13.5 kg/箱; 百事可乐:6瓶/箱,13.5 kg/箱	各100箱	2.7吨
3	杏仁露	240 ml/罐,40罐/箱,21.5 kg/箱	150箱	3.225吨
4	汇源果汁	1 L/瓶,6瓶/箱,6.8 kg/箱	100箱	0.68吨
5	康师傅方便面	150克/碗,10碗/箱,1.8 kg/箱	200箱	0.36吨
6	皇冠牌地砖	1 m×1 m,10块/箱,50 kg/箱	500箱	25吨
7	光辉牌油漆	4罐/箱,5 kg/罐,21.5 kg/箱	200箱	4.3吨
8	盼盼防盗门	2.0 m×1.0 m,1张/箱,21 kg/箱	300箱	6.3吨

任务二　温湿度管理

任务书

　　上海观澜危险化学品仓库需要对危险化学品安全储存养护环境进行监控,要求根据所学温湿度管理的知识,帮助该企业设计库房的温湿度记录表。

　　任务展现:

| 走进化学品仓库 | 核心知识学习、资料查阅 | 设计温湿度记录表 |

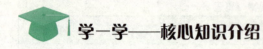

学一学——核心知识介绍

一、认识温度与湿度

温度即大气温度,是指空气的冷热程度,俗称气温,距地面越近气温越高,距地面越远气温越低。湿度即大气湿度,表明空气中含有水汽的多少。温度和湿度对货物质量保存的影响较大。温度和湿度的调控,是养护货物的重要措施。

1. 温度

仓库所指的温度包括气温、库温及垛温。温度的高低,是用温度表来测定的。温度表按其所表示的方法不同分为摄氏温度表和华氏温度表两种。它们都以水沸腾时的温度(沸点)与水结冰时的温度(冰点)作为两个基准点。仓库在日常温度管理中,多用摄氏温度表示。

① 摄氏温度以结冰点为 $0℃$,沸点为 $100℃$,中间划分为 100 等分,每一等分为一度,一般用符号"℃"表示。

② 华氏温度以结冰点为 $32℃$,沸点为 $212℃$,中间划分为 180 等分,每一等分为一度,一般用符号"℉"表示。

③ 华氏温度和摄氏温度的互换,计算公式为:

$$℃ = 5/9(℉-32) \qquad ℉ = 9/5 \times ℃ + 32$$

气温的变化分为日变化和年变化。日变化指一昼夜的气温变化。通常,一天之中最低气温出现在 3:00—6:00,最高气温出现在午后 2:00—3:00。一天中气温最高值和最低值的差叫气温日较差。年变化指一年之中气温变化的规律。在内陆,一年中的最低气温出现在 1—2 月份,最高气温出现在 7—8 月份。

> **小思考**
>
> (1) 68℉ = ( )℃;25℃ = ( )℉
>
> (2) 当温度为多少时华氏温标和摄氏温标相同?

库内温度的变化主要受大气温度的影响,库内气温的变化,不论日变化或年变化,都与库外气温的变化规律大致相同。在春、夏季节,气温直线上升时,库温通常低于库外气温;秋、冬季节,气温急剧下降时,库温常常高于气温。白天库内温度一般会高于夜晚。此外,库房坐落方向、建筑结构、建筑材料、库房部位以及储存货物等对库房温度变化均有一定的影响。

2. 湿度

大气的湿度可用绝对湿度、相对湿度和饱和湿度来表示。

绝对湿度(e)是指单位体积空气中,实际所含水汽量的多少。通常用每立方米的大气中所含水汽的重量来表示,单位为 g/m^3。

当环境中的水分比较充足时,绝对湿度一般是随着温度的升高而增加。

为了提高仓库工作的可靠性,对绝对湿度的变化规律的研究主要是日变化和年变化方面。绝对湿度的日变化可以分为单峰型和双峰型两种。单峰型日变化是指一天之中绝对湿度出现一次最高值和一次最低值,最高值出现在午后 2:00～3:00,最低值出现在日出前;双峰型日变化指一日之中绝对湿度出现两次最高值和两次最低值,绝对湿度第一次最高值一般出现在 8:00～9:00,第二次最高值一般出现在午后 2:00～3:00,绝对湿度第一次最低值一般出现在接近日出前,第二次最低值一般出现在晚上 8:00～9:00。绝对湿度的年变化规律为最高值一

仓储作业与实训

般出现在 7～8 月份,最低值一般出现在 1 月份。

资料卡

什么是露点

露点是指在一定温度下含有一定水汽量(绝对湿度)的空气,当温度下降到一定程度时,所含水汽就会达到饱和状态(饱和湿度)并开始液化成水,这种现象称为"结露"。水汽开始液化成水时的温度叫做"露点温度",简称"露点"。

饱和湿度(E)是指在一定的大气压和温度的条件下,单位体积大气所能容纳水汽量的最大限度。其单位和绝对湿度相同。饱和湿度随温度的变化而变化。温度越高,水分子越不易凝结,空气中所能容纳的最大水汽量也越多,饱和湿度就越大;反之,温度越低,饱和湿度就越小。

相对湿度(r)是指在一定的气压、气温条件下,空气中的绝对湿度与同条件下饱和湿度的百分比。相对湿度越大,说明空气中水汽量距离饱和状态越近,空气越潮湿;反之,相对湿度越小,说明空气越干燥。所以要了解空气的干湿程度,主要看空气的相对湿度。一天之中日出前气温最低时,相对湿度最大,日出后相对湿度会逐渐降低。

三个湿度之间的关系,可以用以下公式表示:

$$相对湿度 = 绝对湿度 / 饱和湿度 \times 100\%$$
$$绝对湿度 = 饱和湿度 \times 相对湿度$$
$$饱和湿度 = 绝对湿度 / 相对湿度$$

当温度不变或相同时,绝对湿度越大,相对湿度越大;绝对湿度越小,相对湿度也越小,两者成正比。当相对湿度不变或相等时,温度越高,绝对湿度越大;温度越低,绝对湿度也越小,两者成正比。当绝对湿度不变或相同时,温度越高,相对湿度越小;温度越低,相对湿度越大,成反比。

普通仓库内的空气湿度通常会随库外湿度变化而变化。密封库内空气的绝对湿度通常不受库外湿度变化的影响。同一库房内背阳面、通风不良处相对湿度偏高。

3. 温度和湿度的测量方法

常用的温度测量仪器有普通温度计、最高温度计和最低温度计等。常用的湿度测量仪器有干湿球温度计、毛发湿度计和自动记录湿度计等。

干湿球温度计是仓库中常用测量温度和湿度的仪器。其测量原理为:包裹湿球纱布上的水分在不断蒸发时需要吸收热量,所以比干球的温度低。空气越干燥,水分蒸发越快,吸收的热量越多,湿球的温度就越低;反之,空气潮湿,湿球纱布上的水分蒸发就慢,吸收的热量就少,湿球温度下降就少。

根据干湿两球不同的温度表示,通过查阅《温湿度对查表》(见附录三),即可得知当时绝对湿度和相对湿度的数值。

> **小思考**
>
> 为什么湿球计温度度数一定小于等于干球计温度?当干球温度计读数等于湿球温度时,相对湿度为 100% 吗?

二、常见的温湿度测量计

1. 常用温湿度计

随着现今电子工业的发展,仓库的温湿度计也更新换代,有为数不少的仓库已经开始采用LED显示温湿度计,如图4-1所示。LED显示温湿度计具有美观、清晰、远距离可视等优点,是传统温湿度计的理想替代品。LED显示温湿度计使用方法简单,根据显示屏上的数据正确读数就能直接得到仓库内的温度和湿度。此外,常用的温湿度计还有指针式温湿度计,如图4-2所示。

图4-1 LED显示温湿度计

图4-2 指针式温湿度计

2. 干湿球温度计

(1) 干湿球温度计的结构

图4-3中左边红色柱状是干温度计,可测出室内常温,右边蓝色柱状是湿温度计,其下方有一个带水的小匣子,湿球下端球部用纱布包裹,如图4-4所示。纱布为薄而细的脱脂纱布,吸水性良好,包裹时要将纱布浸湿,以绕球部一周半为宜,将纱布的一端浸入水盂中,水盂内水位不得少于2/3,所用水要用蒸馏水或干净的雨水,绝不可在水中加防冻剂,当气温达到0℃以下时停止使用;湿球上所裹纱布应每周洗涤或更换一次,切勿使之发腻泛黄。

图4-3 干湿球温度计

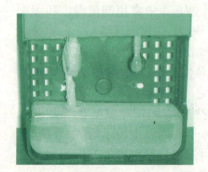

图4-4 干湿球温度计背面的水盂和纱布

（2）干湿球温度计的使用规范

在库外设置干湿球温度计时，为避免阳光、雨水、灰尘的侵袭，应将干湿球温度计挂于库外百叶箱内，仓库外如无广场，可将百叶箱设置于库外通风处，不要紧贴墙面，周围无高墙阻隔。百叶箱中温度计的球部离地面高度约为 2 米，百叶箱的门应朝北，防止观察时受到阳光直射，箱内保持清洁，不放杂物，以免妨碍空气流通。

库内使用干湿球温度计时，应安放在空气流通、不受阳光照射的地方，不要靠在墙上，高度与人视线齐平，约 1.5～1.7 米左右，在储存重点货物、需加强温湿度管理的库房内，可视面积大小，酌情多放几只温湿度计，以加强观察。

干湿球温度计应每天观察记录两次，上午上班后（8—9 时）观察一次；下午上班后（1—2 时）再观察一次。重点库房可酌情增加观察次数。观察时，要避免视差，视线应与水银柱顶端保持同一水平，勿使头、手和灯接近球部，尽量不要对水银球呼气。读数时，先读干球，后读湿球，也可通过干湿温度计的拨盘读出相对湿度，把拨盘中的干温度计读数（红色数字）对准湿温度计读数（黑色数字），下面指针对准刻度即为相对湿度。将观察结果记录于仓库温湿度记录表，如表 4-9 所示，然后根据所测数据正确进行温湿度调节和控制。

表 4-9　仓库温湿度记录表

（_____ 年 ____ 月）

库区：B 类仓库　　　　表号：2　　　　适宜湿度范围 0～30℃　　　　适宜相对湿度范围 45～75%

| 日期 | 上午 | | | | | 下午 | | | | | 记录员 |
| | 库内温度℃ | 相对湿度% | 调控措施 | 采取措施后 | | 库内温度℃ | 相对湿度% | 调控措施温度℃ | 采取措施后 | | |
				温度℃	湿度%				温度℃	湿度%	
1											
2											
3											
4											
5											
6											
7											
8											
9											
10											
11											
12											
13											
14											

日期	上　午					下　午					记录员
	库内温度℃	相对湿度%	调控措施	采取措施后		库内温度℃	相对湿度%	调控措施温度℃	采取措施后		
				温度℃	湿度%				温度℃	湿度%	
15											
16											
17											
18											
19											
20											
21											
22											
23											
24											
25											
26											
27											
28											
29											
30											
31											

三、仓库温湿度控制和调节的方法

管理仓库温湿度的目的,是为了正确调节、控制仓库内空气的温度和湿度,使储存环境与货物性能相适应,确保货物的安全储存。

仓库温湿度管理的具体内容包括:

① 指导日常性的门窗启闭,利用自然通风散潮、散热和防潮、防热。

② 指导仓库密封防潮,或用吸湿剂、空气去湿机吸潮防湿。

③ 梅雨季节严防潮湿空气侵入库内,注意防止库内地坪、墙柱、货物包装泛潮出汗。

④ 指导夏季防热降温,冬季保暖防冻。

1. 通风

根据空气流动的规律,有目的地使库内外的空气交换,调节库内空气的温度和湿度即通风。通风的方法有以下两种:

① 自然通风。开启库房门窗和通风孔,让库内外空气自然交换。

② 机械通风。利用通风机械(如:排气扇等)产生的推压力或吸引力,即正压或负压,使库内外空气形成压力差,从而强迫库内外空气发生流动和置换。

2. 密封

把整库、整垛或整件货物尽可能严密地封闭起来,减少或阻止外界不良气体或其他不利因素的影响,达到防潮、防热、防干裂、防冻和防溶化的目的,还可起到防霉、防火、防锈蚀和防老化等效果,保证货物安全储存。密封的方法有以下几种:

① 整库存密封。适用于数量大、整出整进或进出不频繁的仓库。

② 按垛密封。适用于露天存放的易生锈货物。

③ 货架密封。适用于出入频繁、怕潮、易锈和易霉的小件货物。

④ 按件密封。适用于皮革制品、金属制品、乐器和仪表等货物。

3. 吸潮

利用物理或化学的方法,将库内潮湿空气中的部分水汽除去,以降低空气湿度。吸潮的方法主要有以下两种:

① 吸湿剂吸潮。常用吸湿剂有:生石灰、氯化钙、硅胶和木炭等。

② 去湿机吸潮。利用制冷装置,将潮湿空气冷却到露点温度以下,使水汽凝结成水滴再被排出。

试一试——完成工作任务

第一步:阅读任务书,理解任务内容,学习本任务核心知识内容。

第二步:各小组利用图书、网络等资源查找相关资料,小组讨论完成任务书中的内容。

第三步:小组成果展示。每组代表将小组完成任务情况向大家展示,对内容进行讲解和分析。

第四步:各小组对展示内容自评和互评。

第五步:各小组上交任务书给老师。

看一看——企业案例分析

良友仓库生鲜食品的冷藏养护

良友仓库冷藏养护的生鲜食品一般是鲜蛋、蔬菜、水果、速冻食品(如:水饺、汤圆等),储存在货物高温冷藏仓库中(又称冷风库),库温一般控制在 $-1℃\sim5℃$ 之间。生鲜食品入库前做好仓间消毒。仓间消毒采用紫外线、抗霉剂、消毒剂等三种方式。达到仓间内每平方厘米内微生物孢子数不超过 100 个。对于冷库内使用的工具、设备及操作人员穿戴的工作服、工作帽等,可用紫外线辐射杀菌消毒,也可用 $10\%\sim20\%$ 的漂白粉溶液或 2% 的热碱水或双氧水消毒。

当仓库内发现有异味时,可采用臭氧消毒或用 2% 甲醛水溶液,$5\%\sim10\%$ 醋酸与 $5\%\sim20\%$ 的漂白粉溶液消除异味。

水果在储存期间,应严格控制温度。温度过高易腐烂,过低则极易造成"冻害"。同时要掌握好湿度,过高会使果子变质,过低则增加果子干耗,失去原有品质。

储存期间,一般适宜温度为 $0℃$,但要根据各类果品的临界温度(即适宜温度)进行调节,不低于它们的冰点,有利于抑制微生物的繁殖,防止腐烂;有利于降低呼吸强度,抑制霉的活性,减少营养物质的消耗和提高货物的抗病性和耐腐性;有利于推迟货物的水分蒸发,延长其

仓储作业与实训

储存期;反之就不能保持货物原有的品质。

一、鲜蛋的冷藏养护

进库要合理堆垛,否则就会缩短贮存时间、降低蛋的品质。蛋箱、蛋篓之间要保持空隙,码垛不宜过大过高,一般不超过 2~3 千克,高度要低于风道口 0.3 米,要留缝通风,墙距 0.3 米,垛距 0.2 米,保持温度均衡。鲜蛋不能与水分高、湿度大、有异味的货物同仓间堆放。特别是一、二类鲜蛋要专仓专储。满仓后即封仓。每个堆垛要挂货卡。温湿度是影响鲜蛋储存质量好坏的关键因素,最佳仓间温度为 $-1℃$~$1.5℃$,$±0.5℃$。相对湿度为 85%~88% 为宜,$±2\%$。仓库温度过高,会缩短鲜蛋储存期和降低鲜蛋的品质;温度过低,会使鲜蛋冻裂。相对湿度过高会导致鲜蛋霉变;过低会增加干耗。为有效控制温湿度,必须做到:

① 每次进库的鲜蛋数量不宜过大,一般不超过仓容量的 5%。

② 仓库温差不得超过 $2℃$。

③ 冷风机冲霜每周 2 次,时间不宜过长。

④ 仓间温度在 $-15℃$ 时,即可关闭制冷机。

⑤ 应定时置换新鲜空气,换入每昼夜相当于 2~4 个仓间容积。

⑥ 定期抽查和翻箱,一般每十天抽查 2%~3%。

⑦ 压缩机房应每隔 2 小时对仓间温度检查一次。

二、果蔬的冷藏养护

1. 降温

进仓后要采取逐步降温的方法,因为果蔬采摘后,货物还留有一定的热量,如这时未经冷却而直接进入仓间,易使货物产生病害,达不到保质的目的。

2. 温度调节

果蔬进仓后,将继续发展成熟。主要源于以下三个外界原因:

① 温度:温度高,会加快货物的成熟及腐败,如果存放在适宜温度里,能减慢其成熟速度,使物质消耗降到最低水平,延长其储藏时间。

② 氧气:空气中的含氧量是 21%,适当降低含氧量,会抑制货物的成熟或腐败。

③ 二氧化碳:适当提高仓间二氧化碳的量,也可抑制货物成熟和腐败,延长其贮藏时间。

3. 湿度调节

果蔬中含有大量的水分,但在储存过程中,水分将逐渐蒸发,大部分果蔬的干耗超过 5% 时,就会出现枯萎等现象,新鲜度明显下降。特别是水果,当干耗超过 5% 以后,就不能恢复原状。另一方面,如储存环境的空气湿度过低,也会加速鲜果的枯萎,降低其价值。因此,果蔬储存的仓库,湿度调节很重要。一般湿度应掌握在 90% 为宜。湿度过高,果蔬易腐烂。

4. 堆垛

果蔬的堆垛不论是采取箱装或筐装,最好用"骑缝式"的方法,垛与垛、垛与墙、垛与顶之间应有一定距离,便于冷风流通。

思考题:

1. 良友仓库生鲜食品的冷藏养护应注意哪几个问题?

2. 果蔬的冷藏养护对温度有什么要求?

做一做——技能实训操作

根据给定的现场干湿温度计(如图 4-5 所示),填写表 4-10,在存在的问题前面打√,并根据其中一只正确的温度计,读出干湿球温度,并查表得到相对湿度、绝对湿度。

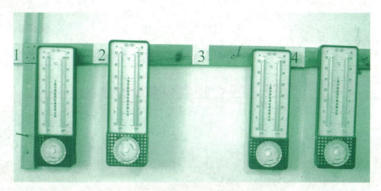

图 4-5　观察干湿温度计

表 4-10　解读干湿温度计

位号	存在的问题
1	□ 过高　　　□ 过低　　　□ 棉条未入水　　　　□ 表靠墙 □ 棉条撕裂　□ 棉条脏或结垢　　□ 棉条未裹紧湿球
2	□ 过高　　　□ 过低　　　□ 棉条未入水　　　　□ 表靠墙 □ 棉条撕裂　□ 棉条脏或结垢　　□ 棉条未裹紧湿球
3	□ 过高　　　□ 过低　　　□ 棉条未入水　　　　□ 表靠墙 □ 棉条撕裂　□ 棉条脏或结垢　　□ 棉条未裹紧湿球
4	□ 过高　　　□ 过低　　　□ 棉条未入水　　　　□ 表靠墙 □ 棉条撕裂　□ 棉条脏或结垢　　□ 棉条未裹紧湿球

干球温度要取整数,湿球温度可保留小数。

干球温度:_____　　　湿球温度:_____

相对湿度:_____　　　绝对湿度:_____

任务三　化工品的储存与保管

任务书

根据表 4-11 中列出的危险化学品清单,描述其保管方法,并指出其危险等级及包装标志。登录 www.somsds.com 网站,查询所列化工品的相关资料,制作 MSDS 说明书,示例见表 4-12。

表 4-11　危险化学品清单

编号	名称	分子式	危险类别
GJ - HF - MSDS - 001	**氨**	NH_3	毒害
GJ - HF - MSDS - 002	盐酸	HCl	强腐蚀性
GJ - HF - MSDS - 003	硫酸	H_2SO_4	强腐蚀性
GJ - HF - MSDS - 004	磷酸	H_3PO_4	强腐蚀性

表 4-12　氨的 MSDS 安全技术说明书

生效日期	2012 - 7 - 1	编号	GJ - HF - MSDS - 001

氨

俗称:氨　　　　　　　　分子式:NH_3

危　险

毒害,易燃易爆,强刺激性,避免接触

危险性

毒害
具强烈刺激性
与空气混合有燃烧爆炸的危险
与卤素发生剧烈反应

泄漏处理

撤离现场无关人员,切断火源
戴呼吸器,穿特定化学防护服
切断气源
高浓度泄漏时,喷洒含盐酸的雾状水
强力通风

储运要求

储存于阴凉、干燥、通风处
应与卤素(氟、氯、溴)酸类等分储
禁止使用易产生火花的工具
灌装适量,不可超压超量
按运输路线行驶,中途勿擅自停泊

急救方法

脱去污染衣着,用清水洗污染部位
脱离污染环境至空气新鲜处
必要时输氧或人工呼吸
就医

灭火方法

雾状水、二氧化碳、泡沫
切断气源,喷水冷却容器

防护措施	

禁止吸烟　　必须戴防护手套　　必须戴防护眼镜　　注意通风

废弃处理	参阅国家和地方法规,用控制焚烧法或分解法处理。

学一学——核心知识介绍

一、MSDS 的介绍

MSDS(material safety data sheet),即化学品安全技术说明书或材料安全数据表,是化学品生产供应企业向用户提供基本危害信息的工具(包括运输、操作处置、储存和应急行动等)。规定 MSDS 要有以下 16 个部分的内容。

1. 化学品及企业标识 (chemical product and company identification)

主要标明化学品名称、生产企业名称、地址、邮编、电话、应急电话、传真和电子邮件地址等信息。

2. 成分/组成信息 (composition/information on ingredients)

标明该化学品是纯化学品还是混合物。对于纯化学品,应给出其化学品名称或货物名、通用名。对于混合物,应给出危害性成分的浓度或浓度范围。无论是纯化学品还是混合物,如果其中包含有害成分,则应给出其化学文摘索引登记号(即 CAS 号)。

3. 危险性概述 (hazards summarizing)

简要概述本化学品最主要的危害和效应,包括:危害类别、侵入途径、健康危害、环境危害、燃爆危险等信息。

4. 急救措施 (first-aid measures)

这是指作业人员意外受到伤害时,所需采取的现场自救或互救的简要处理方法,包括:发生眼睛接触、皮肤接触、吸入、食入的急救措施。

5. 消防措施 (fire-fighting measures)

主要表示化学品的物理和化学特殊危险性,适合的灭火介质、不合适的灭火介质以及消防人员个体防护等方面的信息,包括:危险特性、灭火介质和方法、灭火注意事项等。

6. 泄露应急处理 (accidental release measures)

这是指化学品泄漏后现场可采用的简单有效的应急措施、注意事项和消除方法,包括:应急行动、应急人员防护、环保措施、消除方法等内容。

7. 操作处置与储存 (handling and storage)

主要是指化学品操作处置和安全储存方面的信息资料,包括:操作处置作业中的安全注意事项、安全储存条件和注意事项。

8. 接触控制/个体防护 (exposure controls/personal protection)

这是指在生产、操作处置、搬运和使用化学品的作业过程中,为保护作业人员免受化学品危害而采取的防护方法和手段。包括:最高容许浓度、工程控制、呼吸系统防护、眼睛防护、身体防护、手防护以及其他防护要求。

9. 理化特性 (physical and chemical properties)

主要描述化学品的外观及理化性质等方面的信息,包括:外观与性状、PH 值、沸点、熔点、相对密度(水＝1)、相对蒸气密度(空气＝1)、饱和蒸气压、燃烧热、临界温度、临界压力、辛醇/水分配系数、闪点、引燃温度、爆炸极限、溶解性、主要用途和其他一些特殊理化性质。

10. 稳定性和反应性 (stability and reactivity)

主要叙述化学品的稳定性和反应活性方面的信息,包括:稳定性、禁配物、应避免接触的条

仓储作业与实训

件、聚合危害、分解产物。

11. 毒理学资料(toxicological information)

提供化学品的毒理学信息,包括:不同接触方式的急性毒性、刺激性、致敏性、亚急性和慢性毒性,致突变性、致畸性、致癌性等。

12. 生态学资料(ecological information)

主要陈述化学品的环境生态效应、行为和转归,包括:生物效应、生物降解性、生物富集、环境迁移及其他有害的环境影响等。

13. 废弃处置(disposal)

这是指对被化学品污染的包装和无使用价值的化学品的安全处理方法,包括废弃处置方法和注意事项。

14. 运输信息(transport information)

主要是指国内、国际化学品包装、运输的要求及运输规定的分类和编号,包括:危险货物编号、包装类别、包装标志、包装方法、UN(联合国)编号及运输注意事项等。

15. 法规信息(regulatory information)

主要是化学品管理方面的法律条款和标准。

16. 其他信息(other information)

主要提供其他对安全有重要意义的信息,包括:参考文献、填表时间、填表部门、数据审核单位等。

MSDS 可以上网查询,网址为 www.somsds.com。

二、化工品储存与保管

1. 无机化工原料的保管

① 硫酸亚铁(绿矾、铁矾)。应储存于干燥的库房中,防止风化、潮湿、雨淋和日晒等。

② 亚硝酸钠。属二级无机氧化剂,危险品编号为 23021。应储存于阴凉、干燥、通风的库房,不可与氧化剂、有机物、易燃物、酚类和墨灰等共储混运,不宜久储,运输时要避免受潮和阳光直晒。严防接触火种,否则会引起燃爆。

③ 甲醛次硫酸氢钠。也称吊白块、雕白块,应储存于阴凉、干燥、通风的库房中,严禁与氧化剂、有机物以及易燃物同储,且不宜久储。避免受潮和阳光直晒。

④ 氯化钾。应储存于干燥、通风的库房内。运输时,必须使用篷盖遮挡,严防因受潮或雨淋而溶化流失。

⑤ 过(二)硫酸钾。应储存于干燥阴凉与通风的库房中,严格防潮。严禁与有机物或具有还原性的物质共储混运,搬运时应防止包装破损。

⑥ 氢氧化钾(苛性钾、苛性碱)。包装外应有明显的"腐蚀性物品"标志,属无机碱性腐蚀物品,危险品编号为 95002。应储存于干燥通风处,与酸类隔离放置。由于其极易吸收二氧化碳和水分,运输时需严防铁桶锈蚀、产品吸潮变质。

⑦ 磷酸(正磷酸、一缩原磷酸、缩原磷酸)。属二级无机酸性腐蚀性物品,危险品编号为 93002。应储存于阴凉处,严禁与碱类、有毒物品及其他易腐蚀物品共储混运。

⑧ 碳酸钾。应储存于干燥和通风库房中,注意防雨和防潮,不可与酸类物品共储混运。

⑨ 硫氢化钠。固体硫氢化钠用铁桶包装,液体硫氢化钠用铁罐车运输。平日放置在阴凉

干燥的通风处。储运时应防火,防包装破损,严禁人体与其接触。

2. 有机化工原料的保管

① 合成脂肪酸。应注意防腐,避免日晒雨淋。

② 叔十二碳硫醇。储存于阴凉干燥的库房中。严禁与过氧化物接触共存,以免发生燃爆。库房应通风良好,避免日晒雨淋。

③ 乙酸钠(醋酸钠)。注意防潮、防雨和防晒,严禁与腐蚀性气体接触。

④ 硬脂酸镁。储存于阴凉、通风、干燥的库房中,属一般化学品。

⑤ 丙烯酸甲酯。属一级易燃液体,应储存于阴凉通风的库房中,最高库温不超过10℃,并与氧化剂分开存放。密闭包装,防止变质。

⑥ 亚甲基丁二酸(衣康酸)。应储存于阴凉干燥的通风处,严禁受热,储存时间不宜太长,以免发生聚合反应。

⑦ 苯甲酸钠(安息香酸钠、苯酸钠)。包装上应注有"食品添加剂",储存在干燥库房中,包装必须严密,防止日晒、雨淋、受潮和有害物质污染。运输时不得与会引起污染的物质同车混装。

⑧ 氯乙酸(一氧醋酸)。包装上应有明显的"腐蚀性物品"标志,属二级有机酸性腐蚀物品,危险品编号为94003。应储存于阴凉通风的库房中,远离火种和热源,并应与氧化剂、碱类物品分开存放。

3. 有害化工原料的保管

① 液氨(阿莫尼亚)。应查看钢瓶是否合格、是否漏气、是否有安全罩,应直立放置,避免碰撞。并且应存放在阴凉通风干燥的库房内,最好是专库专用。应与氯、溴、碘及易燃物与酸类隔离,不可接近火种和热源,不可在日光下暴晒。

② 苯乙烯(乙烯基苯)。用160千克规格的铁桶盛装,桶内加入适量阻聚剂。包装外应有明显的"易燃物品"标志,属二级易燃液体,危险品编号为62043,应储存于25℃以下的库房内。隔绝热源、火种,不得在日光下直接暴晒,应与氧化剂和酸类物品分开存放。搬运时轻装轻卸,保持包装完好。

③ 正丁醇,用160千克规格的铁桶盛装,包装上应有明显的"易燃物品"标志,属二级易燃液体,危险品编号为62018。应储存于阴凉、通风的仓库内,远离火种、热源,仓温不宜超过35℃。不可与氧化剂、自燃物品、酸类物品共储混运。搬运时轻装轻卸,防止包装破损。

④ 对苯二酚。用5千克或25千克规格内衬塑料袋、外套木箱或木桶进行包装。包装上应有明显的"有毒品"和"腐蚀性物品"标志,属有机有毒品,危险品编号为84161。应储存于阴凉、通风的库房中,远离火种、热源。严格保持包装完整,需避光防水。应与氧化剂、食品添加剂分开存放。

⑤ 纯苯(别名:安息油、净苯)。苯在入库时,应检查容器是否密闭,桶口垫圈是否严紧,发现破漏时,应将破漏处朝上,然后在库外安全处更换桶,不可用电焊和锡焊补漏。苯应存放在阴凉、干燥、通风的低温库房内,库温不得超过28℃,要防止日光直接照射,禁止接触火种,不可与氧化剂共储。库内不可使用能产生火花的金属工具,穿带钉刺的鞋不准入库,搬运时要防止摩擦、撞击,禁止滚桶,以免产生火花静电起火。

⑥ 丙烯酸甲酯。属一级易燃液体,危险品编号为61115。应储存于阴凉、通风的库房中,最高库温不超过10℃,并与氧化剂分开存放,密闭包装,防止变质。

⑦ 苯胺(阿尼林油、氨基苯)。苯胺应储放于阴凉、干燥、通风的库房,不宜在露天堆放,避免阳光照射,隔绝火种与热源,不可与氧化剂共储运。装卸搬运应轻拿轻放,切勿将桶摔漏,苯

胺能腐蚀铁桶,不可久储,储存期限以六个月为宜。

⑧ 苯酚(石炭酸、工业酚)。储存于阴凉、通风的库房,避免日晒雨淋。隔绝热源与火种。与氧化剂要隔离储存。

⑨ 丙酮(二甲酮、醋酮、木酮)。用 160 千克规格的铁桶盛装,包装上应有明显的"易燃物品"标志。属一级易燃液体,危险品编号为 61080。应储存于阴凉、通风的库房中,气温不宜超过 30℃。远离火种和热源,应与氧化剂分开存放。灌装时流速不宜过快,以防产生静电。

⑩ 乙醇(酒精)。属一级易燃液体,危险品编号为 61071。应储存于阴凉、通风的库房中,气温不宜超过 35℃。远离火种、热源,不可露天堆放。容器必须密闭,运输时不可撞击,防止渗漏。禁止与氧化剂、硝酸共储混运。

⑪ 烧碱(苛性钠、苛性碱、火碱)。烧碱入库时,应查看容器是否完好、不破漏,有无脱盖现象。固体烧碱包装容器如有锈蚀、破裂、孔洞及溶化淌水等情况,应及时更换包装。烧碱宜放在通风干燥的库房或货棚下,应与酸类隔离。固体烧碱在遇水溶解时会放出大量热,因此必须注意与水、易燃品、易爆品隔离储存。烧碱是强碱,腐蚀性很强,在操作时要穿戴工作服、橡胶围裙、橡胶手套、高筒橡胶靴、风镜等防护用品。如不慎被碱液触及皮肤时,可用大量清水冲洗或送医院诊治。

⑫ 纯碱(苏打、面碱、洗粉、曹达粉)。纯碱入库时,应检查包装有无破损,发现破损包装应立即缝好,以免损失。如开袋查验,要看物品色质是否纯白,有无可见杂质,有无结成硬块。对破损包装要过磅检斤。纯碱应存放在干燥、通风的库房中,最好是专库专用。不得与酸类、氯化铵、硫酸铵等铵盐和有毒品共储,库房应保持清洁,粉末散漏要及时打扫干净,以免被腐蚀。纯碱极易吸潮,不宜久储,发货时应坚持"先进先出"的原则。纯碱虽属非危险品,但因纯碱水解时呈碱性,因此,在操作时,仍应穿戴好防护用品,以防纯碱灼伤皮肤。

4. 三酸的保管

硫酸、硝酸、盐酸,简称"三酸",均属腐蚀性物品,必须严格按腐蚀性物品的要求进行储存、保管。

硫酸、硝酸、盐酸入库时,要认真查验内、外包装是否牢固,有无腐蚀、松脱、破损、渗漏等现象。抽检时可用玻璃管抽取坛内底层液体,查看色泽是否正常、有无杂物。仓管人员在操作时,必须穿戴工作服、橡胶围裙、橡胶长统靴、橡胶手套、防护眼镜和口罩等防护用品。此外,还需注意以下几点:

① "三酸"可储存在一般库房或货棚内,坛装硫酸亦可露天存放,但必须在坛盖上加盖瓦钵,防止雨水浸入。过于寒冷和炎热的地区,在冬夏雨季,最好移入库房存放。作为化学试剂用的硫酸、盐酸不宜露天存放,以防分解变色。

② "三酸"均不可与有机物、易燃物、氧化剂、氯酸盐、硝酸盐、电石、金属粉末等共储,以防物品变质。

③ 凡用坛装的"三酸"存放在露天时,可除去外包装,平放一个坛高。存放在库内时宜带外包装,可堆行列式两个坛高。堆码时,垛底要有防潮设施,如:枕木、垫板等,以防由于地潮造成外包装腐烂脱落而发生事故。要注意轻拿轻放,严禁倒置。

"三酸"的化学性质都比较活跃,易分解挥发出有腐蚀性的气体,对人身安全等影响较大,必须加强对在库物品的检查,发现问题,及时解决。

5. 汽油的保管

汽油是含 5～8 个碳原子的烃类混合物液体,外观为无色、淡黄色、红色或橙黄色,具有强烈的刺激气味,泡沫消逝快,挥发性强。

汽油容易燃烧,但不易自燃。在保管汽油时应注意以下几点:

① 尽可能用油罐储存(最好是地下或半地下油罐),以减少蒸发损失。桶装汽油要放在阴凉的地方,桶装不应太满或太少。

② 桶装汽油损耗较大、变质较快,应先进先出;露天存放汽油不宜超过半年。

③ 汽油蒸发的气体与空气混合易燃,甚至引起爆炸,储存、装卸汽油场所应严格防火防爆。

④ 一切用于储存、输送汽油的油罐、管道、装卸设备等都必须有良好的接地装置,其接地电阻应大于 10 欧。

⑤ 往油罐或油罐汽车内装油时,输油管要浸入油面以下或接近罐的底部,以减少油料的冲击和与空气的摩擦。

⑥ 装卸或输送油料时,不要在油管出口上安装绸、毡质地的滤袋或在汽油中擦洗毛织物或人造纤维织物。

⑦ 运送汽油的油罐汽车,必须有接地的铁链条。

6. 润滑油的保管

在保管润滑油之前,应掌握油脂的简易识别方法,一般有四个步骤:一是"看",看油的颜色,颜色浅的是馏出油和精制程度较高的油品,颜色深的是残渣油和精制程度不高的油品。二是"闻",闻油品的气味。三是"摇",把油品装在五色玻璃中摇动,并观察油膜和气泡的情况。四是"摸",用手触摸感觉油脂的软硬程度和光滑感,精制好的油品,光滑感强,精制不好的油品,光滑感差。

在保管润滑油时,应注意以下几点:

① 润滑油必须按品种、牌号分别存放,不能混淆,并有明显标志。有条件的应入油库保管。

② 保持器皿清洁密封,防止混入砂粒等杂质,并应远离电源,以防分解。

③ 取油工具要干净,不允许有砂粒等杂质混入。

④ 不可用无衬垫的木制容器盛装,因木料吸油,易使油脂变硬。

⑤ 坚持先进先出,储存期不可过长,以免氧化变质。

在保管润滑脂时,则应注意以下几点:

① 入库前要根据入库单仔细核对品名、规格、数量。检查包装是否良好,有无渗漏。

② 认真核对产品合格和质量证明书。

③ 对实物作直观目测,取出样品,观察颜色是否正常、符合要求。并在玻璃上涂抹约 1 毫米厚的薄层,观察颜色和状态,一般应质地均匀,不能有圆块状存在。

④ 必须入库保管,库房应干燥、清洁,温差不可过大。

⑤ 应按品种、牌号分别存放,不能混淆。入库时间过长的不可相互混放。

⑥ 要保持容器清洁密封。防止混入污物杂质,并应远离热源,以防分解。

⑦ 取油工具要干净,不允许有砂粒杂质混入。

⑧ 不可用无衬垫的木制容器盛装,因木料吸油易使油脂变硬。

⑨ 要坚持先进先出,储存期不可过长,以免氧化变质。要定期检查,如发现有变质异状,应抽样化验。

7. 危险品的保管

危险品的保管要根据危险化学品的不同性质,在每个仓库外的显眼处设置各种相应的表明不同灭火措施要求的消防标志牌,以防发生火灾时乱用消防设备。库区内严禁吸烟,不准携带火种进入库区。储存危险化学品仓库的照明设备要装防爆灯具。发生火灾时，可根据危险化学品的不同性质，用雾状水、泡沫灭火器、二氧化碳灭火器、四氯化碳灭火器、干粉灭火器等进行扑救。

（1）爆炸品的保管

爆炸品必须严格按其性能和类别设专库储存。不同爆炸品彼此之间有相互抵触的现象，因而不得同库混存。如：雷管是敏感性极高的启爆器材，不能与各种炸药混存。储存时，爆炸品的储存量不宜过大，要防鼠、防潮、防日光照射，与周围建筑物保持 30 米以上的距离并建有防爆墙。严禁与易燃物、氧化剂、强碱、盐类及金属粉末混存，温度宜在 10℃～30℃，相对湿度在 75% 以下，最高不能超过 85%。

（2）自燃物品的保管

这类物品性质活泼，怕热怕潮，所以要选择阴凉、通风、干燥的仓库进行储存。这类物品与氧化剂、酸碱、易燃易爆类物品不得混存。储存中要加强定期与不定期检查，做好通风、散潮、降温工作。对于一级自燃物品，库温不得超过 23℃，相对湿度应控制在 80% 以下；二级自燃物品，库温不得超过 32℃，相对湿度不得超过 85%。存放黄磷的库房，冬天温度不低于 3℃，以免结冰膨胀，使包装破损，发生氧化燃烧事故。

（3）遇湿易燃物品的保管

对于此类物品应选择地势高而干燥的库房，要采取良好的防潮隔热措施，堆垛不宜太高太大，以便检查，不能与含水物、氧化剂、酸、易燃物以及灭火方法不同的物品同库存放。库内相对湿度一般在 75% 以下，最高不宜超过 80%。

（4）易燃液体的保管

易燃液体的沸点都比较低、易挥发，所以在保管时，应储存在阴凉、通风条件好的库房内。高级别易燃液体（如：乙醚等）应存放在低温库内，环境温度应控制在 25℃ 以下，一级易燃液体库温应控制在 30℃ 以下，二级易燃液体库温应控制在 33℃ 以下。

湿度对大多数易燃液体影响不大，但要防止因包装锈蚀导致的液体渗漏。

（5）易燃固体的保管

储存保管易燃固体的库房，要阴凉、干燥，有隔热、防辐射措施。对于易产生挥发气体的易燃固体要严格密封，并定期检查其稳定剂的数量。易燃固体严禁与氧化剂、爆炸品、自燃物品、强腐蚀性物品等混存。樟脑、赛璐珞、火药等怕热物品，库温宜在 30℃ 以下，相对湿度宜在 80% 以下。其他易燃固体，库温也不能超过 35℃，相对湿度也应控制在 80% 以下。

（6）毒害品的保管

这类物品应存放于阴凉、通风、干燥的场所，并根据物品性质和消防方法，做好分类储存。无机毒品不能与酸混存，有机毒品不能与氧化剂混存。在接触毒品时要采取必要的防毒措施，保持库房整洁，适时通风换气。库内温度不宜超过 32℃，相对湿度应控制在 80% 以下。

（7）腐蚀性物品的保管

对一级酸性腐蚀品，可存放在有遮阳的货棚，二级酸性或碱性腐蚀品可存入库房，注意酸与碱不得混存，并与有抵触的其他类别和消防方法不一致的物品分开储存。对低沸点和易燃的腐蚀品，库温应在 30℃ 以下，相对湿度不超过 85%。对怕潮的腐蚀品，除包装完好外，相对湿度应不超过 70%。

8. 氧化剂和有机过氧化物的保管

① 仓库内不得有任何酸类及煤屑、木屑、硫磺、磷等可燃物的残留物，以防引起化学反应

而燃烧,甚至爆炸。

② 如需控温保管的有机过氧化物,应检查确保控温制冷系统的状况良好,或避开较高的环境温度。制冷剂不得使用液态空气和液态氧。

③ 经常检查包装是否完好,特别应注意以下几点:

第一,包装件的内包装与外包装之间衬垫应妥实,保证内包装不松动,衬垫材料不能使用可燃、松软的材料(如:稻草、木屑、纸屑等)。

第二,有机过氧化物的包装容器必须气密性封口,以防加入的抑制剂或稳定剂挥发或流失,并应在包装件外表标明"已加抑制剂"或"已加稳定剂"字样。

第三,液体货物包装件,包装容器应留有不少于5%的膨胀余位,以防运输过程中因温度升高而造成溶剂膨胀,导致外溢渗漏或容器损坏。

第四,装有通气孔的包装(如:过氧化氢),必须在一定限度内有效地散发气体,通气孔装置应高于液面之上,保证其在任何情况下,也不能溢出或进入杂质,更不能妨碍通气装置发挥作用。

第五,袋装的氧化剂,其内包装必须能防潮,以防货物受潮、溶解或结块。

④ 仓库应远离火种、热源,夜间应使用防爆灯具。对光敏感的物品要采取遮阳避光的措施。

⑤ 不能使用易产生火花的工具,切忌撞击、震动、倒置,必须轻装轻卸、捆扎牢固,包装件之间应妥帖整齐,防止移动摩擦,并严防受潮。

⑥ 用钢桶包装的强氧化剂(如:氯酸钾等)不得堆码。必须堆码时,包装之间必须有安全衬垫的措施。

⑦ 雨、雪天装卸遇水易分解的氧化剂(如:过氧化钠、过氧化钾、漂粉精、保险粉等),必须在具备防水的条件下才能进行各种作业。

⑧ 袋装的氧化剂操作中严禁使用手钩;使用手推车搬运时,不得从氧化剂撒漏物上面压辗,以防受压摩擦起火。

9. 放射性物品的保管

① 直接接触放射性货包,要做好充分的准备工作,尽量减少操作或接触货包的时间,每人每天作业的时间必须根据货包运输指数在规定的时间内进行。

② 必须穿戴防辐射工作服、口罩、手套等劳动保护用品,搬动时应使用工具,不可肩扛背负,不可坐在货包上,避免身体直接接触货包。

③ 必须注意保持货物包装完好无损,严防撞击、跌落,不准翻滚、倒置。

④ 装卸过程中严禁吸烟、饮水、进食。作业完毕后,要淋浴换衣,洗净手脸。特别是放射性矿石矿砂,外包装易污染,作业后,要检查身上确无沾到放射性矿砂才能进食。

⑤ 放射性物品要摆放平稳、牢靠,捆绑加固,防止倒塌、倾斜、撞击、移位。

试一试——完成工作任务

第一步:认真阅读任务书的内容。

第二步:分组讨论完成任务书的方法。

第三步:登录 www.somsds.com,上网查询化学品的相关资料。

第四步:展示成果。

第五步:各小组对完成任务情况作自评与互评;由老师对相关知识进行小结。

仓储作业与实训

看一看——企业案例分析

表 4-13　上海金石化工物流公司危险化学品安全检查表

检查人员：　　　　　　　　检查地点：　　　　　　　　检查时间：

序号	检查项目	检查情况	备注
1	贮存的化学危险品包装有明显的标志,安全标签应符合 GB 190 的规定		
2	根据危险品性能分区、分类、分库贮存。各类危险品不得与禁忌物料混合贮存		
3	贮存化学危险品的建筑通风良好		
4	贮存化学危险品的建筑通排风系统应设有导除静电的接地装置		
5	库存危险化学品应保持相应的垛距、墙距、柱距。垛距与垛间距不小于 0.8 米,垛与墙、柱的间距不小于 0.3 米,顶距不小于 0.5 米,灯距不小于 0.5 米。垛宽不小于 1.8 米		
6	易燃液体、遇湿易燃物品、易燃固体不得与氧化剂混合贮存,具有还原性氧化剂应单独存放		
7	贮存危险化学品的建筑物、区域内严禁吸烟和使用明火		
8	库房温度、湿度应严格控制		
9	在修补、换装、清扫、装卸易燃、易爆物料时,应使用不会产生火花的铜制、合金制用品或其他工具		
10	根据危险品特性和仓库条件,必须配置相应的消防设备、设施和灭火药剂		
11	进入危险化学品贮存区域的人员、机动车辆和作业车辆,必须采取防火措施		
12	建筑内可能散发可燃气体、可燃蒸气的危险化学品仓库、中间仓库和使用场所应安装可燃气体浓度报警装置;浓度报警装置的安装高度为 0.3～0.6 米,且离墙距离为 0.3 米		
13	仓库内不宜安装电气设施,如必须安装电气设施,应采用防爆型电气设施		
14	应设置防泄漏措施		
15	作业场所使用的危险化学品必须按危险化学品仓库、临时库、使用场所的要求定量存放,专人管理,不得使用、存放于其他区域。溶剂分装或配料必须在专用区进行,专用区与作业区隔离,并设有排风设施,分装时应尽量采用封闭式分装方法		
16	配备紧急冲淋设施和洗眼器		
17	使用、储存危险化学品场所应设置"严禁烟火"、"当心中毒"、"佩戴防护用品"等安全警示标志		

思考题：

1. 该企业为什么要进行安全检查？
2. 危险化学品安全检查包括哪些方面？

做一做——技能实训操作

根据以下化工品图片和名称（如图 4-6 至图 4-14 所示），结合所学知识，填写表 4-14。

图 4-6　甲基丙烯酸

图 4-7　赛璐珞

图 4-8　过氧化氢溶液

图 4-9　苯酚

图 4-10　汽油

图 4-11　硫酸

图 4-12　黄磷

图 4-13　高锰酸钾

图 4-14　钴-60

表 4-14　危险品管理

图号	货物名称	货物类型								
		爆炸品	压缩或液化气体	易燃液体或固体	易自燃物品	氧化剂与有机过氧化物	毒害品	腐蚀品	遇湿易燃品	放射性物品
4－6	甲基丙烯酸									

仓储作业与实训

图号	货物名称	货物类型								
		爆炸品	压缩或液化气体	易燃液体或固体	易自燃物品	氧化剂与有机过氧化物	毒害品	腐蚀品	遇湿易燃品	放射性物品
4-7	赛璐珞									
4-8	过氧化氢溶液									
4-9	苯酚									
4-10	汽油									
4-11	硫酸									
4-12	黄磷									
4-13	高锰酸钾									
4-14	钴-60									

项目五　货物出库作业

学习目标

通过本项目的学习,能描述出库流程,绘制出库流程图;会操作办理货物出库业务手续;认识电子标签拣货系统,会进行电子标签拣货的出库操作;会利用手持终端技术完成对固体化工原料的出库操作;能识别包装的类型,会进行包装操作。

任务一　货物出库作业流程

任务书

A 客户准备在 2012 年 8 月 10 日从上海荣达仓储有限公司 1 号仓库提取部分储存货物,具体货物情况见表 5-1 所示。

1. 请就这些货物的出库业务分别填写提货单、作业通知单、出库单、发货清单、装箱单。

2. 请分别对这些货物的出库业务进行账务处理,修改、填写相关资料。

3. 请分别将这些货物出库业务的操作流程用文字详细描述,并分别说明出库过程中应注意哪些问题。

表 5-1　客户提货情况一览表

客户名称	提货品名	提取数量	单价(元)
A	双氧水	10 箱	250.00/箱
	碳化钙	15 桶	350.00/桶
	重铬酸钾	20 桶	2000.00/桶

任务展现:

了解出库流程　　　进入仓库　　　办理出库手续

仓储作业与实训

学一学——核心知识介绍

货物出库是货物储存业务的最后一个环节,货物出库与货物发放不同,它多属于企业对外的活动,是仓库根据业务部门开出的货物出库凭证,按所列项目组织货物出库的一系列工作的总称。

一、明确货物出库要求

1. 严格贯彻"先进先出,推陈出新"的原则

根据货物入库时间的先后,先入库的货物先出库,以确保货物储存的质量;易霉易腐、机能已退化或老化的货物先出,接近失效期的货物先出;变质失效的货物不准出库。

2. 出库凭证和手续必须符合要求

出库凭证的格式不尽相同,但不论采用哪种格式都必须真实有效。出库凭证不符合要求的,仓库不得擅自发货。特殊情况时的发货也必须符合仓库管理有关规定。

3. 严格遵守仓库有关出库的各项规章制度

① 货物出库必须遵守各项规章制度,按章办事。发出货物必须与提货单、领料单或调拨通知单上所列的名称、规格、型号、单价和数量相符合。

② 未验收的货物以及有问题的货物不得发放出库。

③ 货物入库检验与出库检验的方法应保持一致,以避免人为引起的库存盈亏。

④ 超过提货单有效期尚未办理提货手续的货物,不得发货。

4. 提高服务质量,满足用户需要

货物出库要求做到及时、准确、安全、经济,防止差错事故的发生。工作尽量一次完成,提高作业效率,为客户提货创造便利,协助客户解决实际问题。

5. 贯彻"三不"、"三核"、"五检查"的原则

① "三不",即未接单据不翻账、未经审单不备货、未经复核不出库。

② "三核",即在发货时,要核实凭证、核对账卡、核对实物。

③ "五检查",即对单据和实物要进行品名检查、规格检查、包装检查、件数检查、重量检查。

二、货物出库的方式

货物出库的方式主要有正常出库和特殊出库两种,具体见表5-2所示。

表5-2　货物出库方式

正常出库	自提	指货主、取货方和运输部门持"货物出库通知单"直接到仓库取货,仓库凭单发货的出库方式
		特点:提单到库、随到随发、自提自运、当面点交
	送货	指仓库根据货主事先送来的"货物出库通知",通过发货作业,把应发货物送交客户的出库方式
		特点:预先付货、按车排货、发货等车

正常出库	代提代运	指仓库根据收货单位的委托和货主开出的"货物出库通知单",为货主代提代运货物的出库方式
		特点:代提代办、整批发出、与承运单位直接办理货物交接手续
特殊出库	转仓	有时货主为了业务方便或改变存储条件,需要将部分库存货物从一个仓库转到另外的仓库,仓库必须根据货主开出的正式转仓单办理转仓相关手续
	取样	货主出于对货物质量等方面的考虑,要求对样品和批量货物的质量进行检测,需要到仓库提取货样,有时要开箱拆包检验,此时仓库管理部门应根据正式取样凭证发给样品,同时应做好账务记录
	过户	过户属于一种就地划拨的形式,货物虽未出售,但所有权已从原存货主转移到新存货主,仓库必须根据原存货主开出的正式过户凭证办理过户手续

三、货物出库的流程

1. 货物出库准备

仓管员在接到货物的出库通知后,必须做好以下准备工作,如图 5-1 所示。

2. 核对出库凭证

仓库在接到出库单(如表 5-3 所示)后,仓管员要对下列内容认真审核:出库单上所列发货仓库名称、提单联字样有无错误;出库单上印鉴是否齐全;物品品名、规格、等级、型号、单价等是否与库存物品相符;凭证字迹是否清楚、有无涂改现象;提货日期是否逾期。除了出库单以外,常见出库单据还有提货单、领料单、调拨单等。

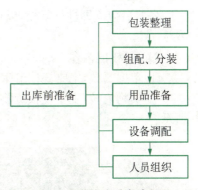

图 5-1 货物出库准备流程图

表 5-3 出库单

客户名称: 　　　　　　　发货仓库: 　　　　　　发货日期:　　年　月　日
储存凭证号码: 　　　　　　仓库地址:

货号、品名、规格及牌号	国别及产地	包装及件数	单位	数量	单价	总价	金额
危险品标志章及备注	运费			包装押金			
	金额(大写) 佰 拾 万 仟 佰 拾 元 角 分						

制单: 　　　　　　　　　　　　　　　审核:

注:出库单通常一式四联,第一联存根,第二联仓库留存,第三联财务核算,第四联提货人留存。

3. 备料

仓管员对物品出库凭证复核无误后,按其所列项目内容和凭证上的批注,与编号的货位对货,核实后进行配货备料,流程如图 5-2 所示。

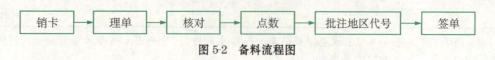

图 5-2 备料流程图

（1）备料的方式

① 拆装备料，又称拆箱拆捆备料，适合整箱袋入库、零星出库。

② 整箱整袋备料，适合整箱袋入库、整箱袋出库。

③ 原装备料，又称整批备料，适合整批入库、整批出库。

（2）备料的注意事项

① 按出库凭证所列的项目和数量进行，不得随意变更。

② 备料计量一般根据物品入库验收单上的数量，不用再重新过磅，对被拆散、零星物品的备料应重新过磅。

③ 备好的货物应放在相应的区域，等待出库。

④ 出库物品应附有质量说明书、抄件、磅码单和装箱单等。

4. 复核

备料后应立即进行复核，以保证出库货物数量准确、质量完好、包装完整，可杜绝差错的发生。

（1）复核的内容

① 单据复核，主要复核出库凭证的真实性、合法性、完整性。

② 实物复核，主要复核货物的品名、品种、规格、型号、牌号、单位、数量、包装等，如图 5-3 所示。

图 5-3 实物复核

图 5-4 签章

③ 账、货结存数复核，是指货物从货垛、货架上取走后，应立即核对货垛、货架上的货卡的结存数以及保管账上的结存数，做到账、货、卡三相符。

复核后复核员和保管员应在单证上签章，以示负责，明确责任，如图 5-4 所示。

（2）复核的形式

① 个人复核，即由发货的仓管员自己发货、自己复核，并对所发货物的数量、质量负全部责任。该方式适用于专业化程度高，存储品种单一、同一品种发货批量大而人员编制较少的仓库。

② 相互复核，又称交叉复核，即两名仓管员对对方所发货物进行照单复核，复核后双方共同承担责任。这种复核方式，较个人复核容易发现问题，适用于出库业务繁杂、货物品种众多的仓库。

③ 环环复核,即对发货过程的各环节,都要根据货物出库凭证对其进行复核。这种复核方式虽然复杂、工序较多,但准确性极高,适用于分工细致的大型现代化仓库。

5. 包装

出库的货物如果没有符合运输方式所要求的包装,就应该进行再包装。

出库货物包装要求做到:科学、经济、美观、牢固、适用、安全。现代包装强调标准化,要求做到:统一材料、统一规格、统一容量、统一标志、统一基础模数等。出库货物包装应便于装卸搬运,有明显的标志,严禁混合包装,节省包装材料。

6. 刷唛

对于包装好的货物,仓管员还要在其外包装上印刷或标打唛头,并根据需要在相应的位置印刷或粘贴条形码。

7. 点交

向接货人员发货时,仓管员应该按照出库凭证逐笔向接货人员清点,然后将货物交给接货人员。交清后,仓管员要在出库凭证上签名并加盖"物品付讫"日期戳,同时给接货人开具出门证,以便门卫放行。

8. 登账

物品出库后,物品实物、保管卡、账目和档案等都发生了变化,因此,仓管员还要对库存账目进行整理,登记货物明细账(如表5-4所示)。

表5-4　货物明细账

存货名称:　　　　　　　　存货编号:　　　　　　　　计量单位:
最高存量:　　　　　　　　最低存量:　　　　　　　　存放地点:

年		凭证		摘要	收入	发出	结存
月	日	种类	号码				
				期初结存			

如果出库过程中出现了诸如:出库凭证超过提货期限、出库凭证有疑点、出库凭证规格开错了、提货数量与结存数不符等异常情况时,还要填写异常情况处理报告。

9. 现场和档案的清理

现场清理包括清理库存货物、库房、场地、设备和工具等。

档案清理是指对收发、保养、盈亏数量和垛位安排等情况进行分析,做到仓库保管货物的账、货、卡相符。

四、液体化工原料出库操作

1. 常压槽车出库操作

(业务背景:上海金石物流有限公司收到中国石化股份有限公司20吨甲醇的出库通知,该辆槽罐车驶入罐区后,工作人员随即将储罐中的甲醇装入槽罐车。)

(1)出库前的准备

车辆进入装料区之前,穿戴好与装卸介质相符的劳防用品。关闭火星熄灭器,然后交出火种和手机等个人物品。

车辆进入装卸区,过磅后,停入车位,熄火。拉下手制动,切断总电源。将电门钥匙交到指定地点存放。垫好三角木,接好装置静电线。

通知罐区发货人员,确认装卸介质的确切罐位。装液过程开始前做好记录。

（2）出库操作

① 打开槽罐车连接口上的闷盖,把库位的鹤管连接管转移到槽罐顶部,对准槽罐车的密闭装料口,如图5-5、图5-6所示,先打开液位报警仪孔阀门,连接气相、液相和液位警报仪。

图5-5　打开装车闷盖

图5-6　连接鹤管

② 检查装液阀及各连接件处于可用状态,确认卸液阀处于关闭状态,包括内置阀。

③ 慢慢打开气相和液相阀门,打开出库装置阀门,开始装车,随时观察装车情况,如图5-7所示。

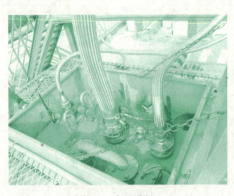
图5-7　打开阀门

图5-8　盖上平台盖

④ 装液完毕,待出库装置阀门关闭后,再把槽罐车上的液相和气相阀门关闭,拆除液位警报仪,关闭液位警报仪接口阀门,再拆除气相和液相料管,收取连接鹤管,盖上槽罐车连接口的闷盖。

⑤ 关闭装车平台盖并扣好,如图5-8所示。

⑥ 拆除（收起）静电线,抽去三角木。

⑦ 做好装料后的记录。

（3）出库结束工作

巡视车辆一周。拿好车钥匙,将车辆驶离现场,过磅、确认装载量。出门后停车,打开火星熄灭器开关,取回手机等个人物品。

2. 有压槽车出库操作

（业务背景：上海中石化工物流有限公司收到上海石化股份公司 30 吨液化石油气的出库通知，有压槽车驶入灌区，仓库保管工随即储罐中的液化石油气装入槽罐车。）

（1）出库前的准备

签单确认装料点，并按指定车位停车。切断总电源，把车钥匙交至指定地点。车辆用三角木固定，接好静电线。

（2）出库操作

① 开启操作箱门，接好液相软管和气相软管，如图 5-9 至图 5-11 所示。

② 检查、确认各球阀和切断阀处于关闭状态，如图 5-12 至图 5-14 所示。

图 5-9　开箱门

图 5-10　接液相软管

图 5-11　接气相软管

图 5-12　液相球阀

图 5-13　气相球阀

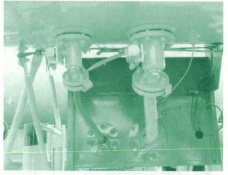

图 5-14　切断阀

仓储作业与实训

③ 检查整个系统连接状态，并确认无误；记录各表计的读数，如图 5-15 所示。

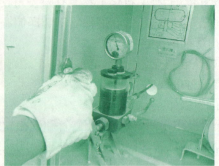

图 5-15　检查连接情况　　　　　　　　图 5-16　打开切断阀

④ 操作手油泵，打开切断阀，如图 5-16 所示。
⑤ 缓慢打开气、液相球阀及切断阀。如发现泄漏，应立即关闭切断阀，并向车队汇报。
⑥ 观察各表计及各连接面的密封情况和罐体完好情况。
⑦ 充装完毕，卸掉油泵压力，关闭切断阀，如图 5-17 所示。（紧急情况下切断阀的操作如图 5-18 所示。）

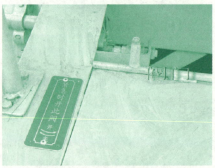

图 5-17　卸掉油泵压力　　　　　　　　图 5-18　紧急切断阀的操作

⑧ 关闭气、液相球阀。
⑨ 待出库装置阀门关闭后，打开气、液相放散阀，将软管的余压排尽。
⑩ 卸下气、液相软管，关闭放散阀，如图 5-19 所示，如发现异常应立即向车队汇报。
⑪ 填写充装记录，如图 5-20 所示。

图 5-19　卸下气、液相软管，关闭放散阀　　　图 5-20　填写充装记录

⑫ 关闭操作箱门,拆除静电线,拿掉三角木。

（3）出库结束工作

巡视、检查车辆一周。拿好车钥匙,将车辆驶离现场,过磅、确认装载量。出门后停车,打开火星熄灭器开关,取回手机等个人物品。

试一试——完成工作任务

第一步:仔细阅读任务书,理解任务内容,学习本任务核心知识内容。

第二步:各小组分工合作,完成三种化工品的出库操作。

第三步:第一小组进行操作,其他小组观看。等第一小组完成后,其他小组对其操作过程进行点评。

第四步:第二、三、四小组轮流进行操作,师生共同点评操作过程。

第五步:由老师对本任务相关知识进行小结。

看一看——企业案例分析

石化股份公司仓库管理制度

仓库隶属于生产供应部。仓库管理员必须树立以生产为中心,为生产服务的指导思想,以高度认真负责的精神,为保证生产正常有序进行,做好货物的验收、发放、保养、盘点等工作,并在相关单据上履行各自的手续。

仓库分为综合仓库、五金材料库、易燃品仓库、废品仓库。

一、货物的入库与验收

① 外购货物到货后,按发票、送货单等凭证上所列品名的数量进行严格清点或过磅,并仔细核对货物的型号、规格,核对无误后入库。

② 产成品入库,按车间开具的"产品入库单",经品质部签字放行后接收,并仔细核对入库单的数量、产品规格型号、颜色等后方可签收。

③ 对需要质量验收的货物,进库时先标识待验品,按规定及时开具送验单报品质部进行验收。经判定,合格的放入指定合格品区域;判定不合格则需隔离堆放,并标志"不合格品"标识。如在验收过程中发现数量、规格型号、颜色、质量及单据等不符时,应立即向有关部门反映,以便及时查清、解决问题,必要时通告对方单位。

④ 对临时寄存在仓库的货品,必要时应划出区域,隔离存放,做好"待处理品"标识。

⑤ 客户提供的财产必要时在货物包装上加注客户名称。

⑥ 入库货物的堆放必须符合先进先出的原则。

⑦ 对退货产品的处理也必须按退货清单明细进行——清点和入账,并查明退货原因。对退货属返修产品的,需报生产供应部,再开具返修产品领料单后进行返修;对退货属报废产品的,由品质部验收签字后入废品库,并报总经理批准后进行报废处理。

⑧ 对于不合格品和生产过程中合理消耗产生的废品需入废品库,经品质部和车间负责人签字后方可入库。废品库需专人掌管,必须上锁。

⑨ 入库货物应及时登记入账。

二、货物的出库与发放

① 凡属产品配套货物,由生产供应部开具"生产通知单"和"生产领料清单"。由仓库保管员进行分解消化,车间派专人来领取材料。严格按"生产领料清单"的规格型号、数量、颜色等组织管理并负责跟踪,当该批产品完工后,及时办理结算和退库手续。由于生产过程中造成报废或损失而需进行补料的,则仍需由生产供应部开出补料单后方可按单组织发放。

② 非生产所用的货物发放,需经严格审批手续,必要时还需经常务副总经理批准,并一律凭领料单发放。

③ 货物(包括成品)的发放力求先进先出,具体按仓库货物先进先出的执行规范进行操作。当面点清数量,核对规格名称,并及时登记入账(手工及电脑账),做到账、卡、物相一致,账账相符。

④ 成品出库严格按照"发货通知单"规定的发车时间、车辆、路线等合理组织发放出库,并开具"产品发货单"(包括客户名称、产品型号、单位、数量、件数、车号等),由仓库管理员签字后交送货经办人,由送货经办人查实无误后签收。

⑤ 废品库内货物由生产供应部负责处理,保留处理清单,并负责组织出库。仓库人员严格清点数量或过磅,出库时开具"产品发货单",并及时登记入账。

三、货物贮存与防护

① 库房的储存条件:温度:$-10℃\sim40℃$;相对湿度:$\leq85\%$。

堆放高度:按技术部制定的货物堆放要求的高度进行合理堆放。

仓库保管人员每天两次进行温湿度的测量记录,有不符之处速报生产供应部,以便及时采取纠正措施。

② 仓库应编制平面定置图,将货物合理布局、合理存放,禁止混放、倒塌和包装破损,妥善保管,杜绝积压,反对浪费,及时提供相关信息。

③ 仓库做到通风、干燥、清洁、安全、防尘和避光,防止产品损坏变质。储存易燃物品的库房还应做到密封、并远离火种、热源。

④ 有色金属上货架,应保持通风;非金属及电器材料,应分品种、规格、型号存放,摆设合理,立卡设数;对机械设备工量具等勤清点检查,以防生锈,发现问题及时处理。

⑤ 做好货物的标识管理,包括产品标识及监视和测量状态标识,严防误用。

⑥ 对有贮存期限要求的货物,及时按"主要原材料、元器件保质期分类"规定的保存期限检查库存情况,以便及时发现变质苗头。对超期货物标志待处理标识及时开具送验单交品质部重新验证,验证符合要求的标注"合格品"可继续使用,不符合要求的标注"不合格品"并移交废品库,并做好记录。

⑦ 对于长期库存(即超过保质期限经品质部检验合格的库存货物),在电脑账及手工账中做好标记。

⑧ 货物进出库搬运均需使用专用运输工具,防止货物损坏变质,运输通道应畅通无阻。若有损坏需立即报告相关部门。

⑨ 非工艺损耗或其他原因而产生的材料多余,仓库必须及时配合车间做好退料工作,退料需查清余料原因,核对材料的应余数,及时办理退料手续及入账。

⑩ 对于残余的原材料或包装不满的材料应根据实际包装情况,进行封口或封箱

处理。

⑪ 货物定期盘点数量,确认库存的余缺情况,上报相关部门,并由财务部进行抽查。

⑫ 如有特殊材料的储存,必须按技术部相关规定的要求执行。

四、货物品质管理

① 在正常情况下,仓库管理员应每周对所有货物的包装状态、堆码高度、遮光、防潮等方面进行检查,确保货物不因受潮而导致变质变色。

② 当遇台风、大雨、大雾等气候变化时,仓库管理员应立即进行检查,如发现货物受潮或包装受潮后可能导致货物变形变质的,应报告有关部门处理。

③ 仓库主管根据货物检查情况,如发现储存条件不符合要求、不能确保货物质量时,应向生产供应部汇报,及时采取纠正措施。

五、应急情况处理

① 遇到紧急情况(如:失火)及突发性天灾时,应及时联络应急领导小组,及时采取相应的措施。

② 灭火应使用泡沫及干粉灭火器(易燃物品则必须使用泡沫灭火器)。

六、5S 管理

① 仓库按 5S 管理手册的要求进行清洁、整理、整顿、清扫、保养。

② 仓库主管每星期组织对仓库进行一次 5S 及环境检查。生产供应部每月对仓库进行一次 5S 及综合检查。

七、外发产品管理

① 外发产品的发放及入库均按上述管理要求进行操作。

② 外发产品的货物每月与对方进行对账,并定期到对方处抽查货物的品质保管情况。发现有出入或对方保管不良的情况应立即上报生产供应部处理。

思考题:

1. 石化股份公司的仓库属于哪类仓库? 它的货物的出库与发放有哪些特点?

2. 货物出库有哪些要求?

3. 货物出库有哪些形式?

4. 具体说明货物出库的作业程序和内容。

 做一做——技能实训操作

仔细读懂如图 5-21 所示自提方式下的提货单流转和出库账务处理程序。请用文字描述其过程。

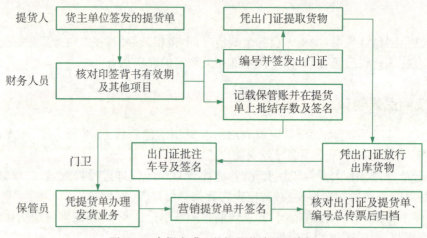

图 5-21　自提方式下的提货单流转程序图

任务二　电子标签拣货出库操作

任务书

丁丁网收到客户订单,要求以合适的拣货方法,拣选相应图书,分别为客户打包,订单见表 5-5 所示。请根据该笔客户图书订货单,利用电子标签拣货系统,完成订单的出库操作。

表 5-5　丁丁网客户图书订货单

供应厂商:青浦图书配送中心　　　　　　　　　　订货日期:2012 年 9 月 18 日
订货客户:王刚　　　到货日期:_____　　　订单号码:4208110100020008

名　称	订货数量	订货价格(元)	合计金额(元)
物流员	8	30.00	240
信息技术应用	5	25.00	125
仓储作业实务	7	20.00	140
合　计			505

拣货人:_____　　　复核人:_____　　　打印日期:_____

任务展现:

登录仓储管理系统　　　　　　拣货　　　　　　复核

学一学——核心知识介绍

一、认识电子标签拣货系统

1. 电子标签拣货系统概述

电子标签拣货系统是一组安装在货架储位上的电子设备,通过计算机与软件的控制,借由灯号与数字显示作为辅助工具,引导拣货工人正确、快速、轻松地完成拣货工作。

2. 电子标签拣货系统与传统拣货方式的比较(如表5-6所示)

表5-6　电子标签拣货与传统表单拣货的比较

传统表单拣货易出现的问题	电子标签拣货的优点
① 要求拣货人员必须熟悉被拣货品。 ② 要求拣货人员必须熟悉拣货仓库的库区分布。 ③ 需要拣货人员额外花费大量的时间和精力用于货品品种核对和库位寻找。 ④ 即使最熟练的拣货人员,经过长时间的拣货作业,拣货效率和准确率也会大大下降。 ⑤ 拣货数量不准确	① 不需要任何书写的无纸化作业。 ② 不需要按库位寻找,只需按电子标签亮灯指示作业。 ③ 不依赖作业人员的熟练度,无需思考的零判断作业。 ④ 作业人员的走动路线缩短,能做到最短距离化。 ⑤ 计算机系统可自动下达作业指示,作业人员无需等待。 ⑥ 作业效率可成倍提高。 ⑦ 作业差错率可接近为零。 ⑧ 计算机进行实时监控,作业状态可实时反映

3. 电子标签拣货系统的组成(如图5-22所示)

组成电子标签拣货系统主要部件的功能见表5-7所示。

表5-7　电子标签拣货系统主要部件的功能

电脑	可以是已有的 WMS 系统,或 ERP、MIS 等,特殊情况下可人工录入出库信息
控制 PC	用于从 WMS 下载出库订单,并将出库信息发送到控制器
控制器	将出库信息转换为控制信号,并传到连接箱;将完成信号传回控制 PC
接线箱	控制信号灯、字幕机、电子标签的工作,将完成作业信息传回控制器
信号灯	用于作业区、作业面,提示该区域有作业任务
字幕机	提示作业员当前作业序号。可定义客户编号、作业编号或其他编号
电子标签	用来显示出库数量并发出指示信息

4. 电子标签的介绍

电子标签一般由数字显示屏、声发生器、光发生器、确认按钮组成,并可根据实际需要选择字符长度、显示频率、发光颜色和声音强度等。具体使用介绍如图5-23所示。

仓储作业与实训

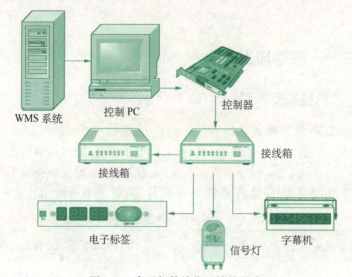

图 5-22　电子标签拣货系统的组成

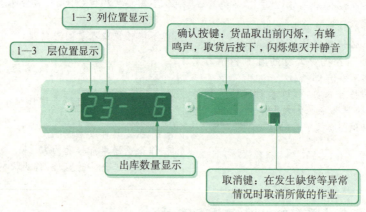

图 5-23　电子标签使用介绍

二、电子标签拣货出库操作

1. 电子标签拣货出库工作的流程

电子标签拣货出库工作的流程如图 5-24 所示。

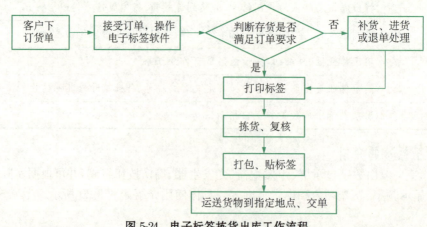

图 5-24　电子标签拣货出库工作流程

仓储作业与实训

2. 电子标签拣货作业

① 客户在网上或通过电子数据交换系统下达订单。

② 对收到的订单进行汇总。启动电子标签拣货软件和仓储管理系统软件：打开控制器电源，设备开始自检，自检时每个电子标签都会显示数字，发出声音，如图5-25所示。

③ 对照订单查询库存情况。若存货不足，则需补货。

④ 若存货数量满足订单要求，即可操作软件，打印拣货标签，如图5-26、图5-27所示。

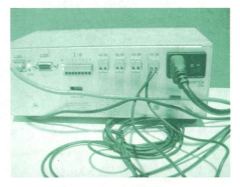

图 5-25　设备初始化

图 5-26　操作电子标签软件

图 5-27　打印标签

⑤ 拣货员在物流箱上粘贴标签，按照电子标签指示完成拣货作业，并按下红色"确认"键，如图5-28所示。全部拣货完成后，将货物运至复核拼装区，进行人工复核并签字，如图5-29所示。

图 5-28　拣货

图 5-29　复核

⑥ 确认无误后，进行货物的组装和打包，贴标签，打印出货清单，如图5-30、图5-31所示。

⑦ 运送货物箱到配送区，出货清单随货箱出库，如图5-32所示。

图 5-30　打包

图 5-31　贴标签

图 5-32　搬运至配送区

3. 电子标签拣货系统的应用

（1）摘取式电子标签拣货系统

摘取式电子标签拣货系统，是将电子标签安装于货架储位上，原则上一个储位放置一件产品，即一个电子标签代表一件产品。并且以一张订单为一次处理的单位，系统会将订单中有订货货物所代表的电子标签亮起，拣货人员按照灯号与数字的显示将货品从货架上取出，如图 5-33 所示。

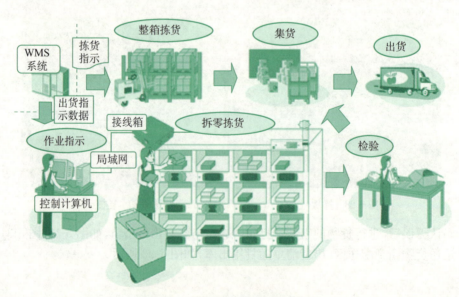

图 5-33　摘取式电子标签拣货系统

仓储作业与实训

（2）播种式电子标签拣货系统

播种式电子标签拣货系统，是指每一个电子标签所代表的是一个订单客户或是一个配送对象，即一个电子标签代表一张订单，每个品项为一次处理的单位。拣货人员先将货品的应配总数取出，并将货物信息输入，而系统会将有订购此项货品的客户其所代表的电子标签点亮。拣货人员只要依照电子标签的灯号与数字显示将货品配予客户位即可，如图 5-34 所示。

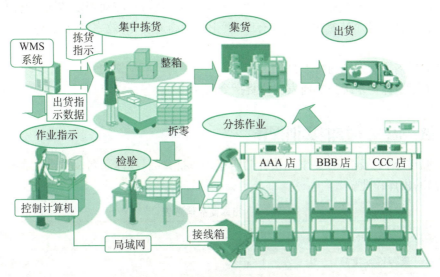

图 5-34　播种式电子标签拣货系统

试一试——完成工作任务

第一步：仔细阅读任务书，理解任务内容，学习本任务核心知识内容。

第二步：各组分工合作，利用电子标签拣货系统，完成丁丁网客户订单的出库操作。

第三步：第一小组进行操作，其他小组观看。等第一小组完成后，其他小组对其操作过程进行点评。

第四步：第二、三、四小组轮流进行操作，师生共同点评操作过程。

第五步：由老师对本任务相关知识进行小结。

看一看——企业案例分析

雅芳华东配送中心电子标签仓库拣货系统

该仓库有 4 个拣货通道，共 1800 个库位，配备半自动输送线，每天出货量在几百箱到一万多箱不等。随着华东地区对该产品需求量的日益增加，传统的人工纸单作业逐渐显示出其弊端：速度慢、效率低、出错率高、对新进员工的培训时间长等，而这些问题已严重影响到公司的日常管理和经济效益。

为解决上述问题，实现飞跃式发展，该中心引进电子标签拣货系统并配合 WMS 对仓库的进货、存货、拆零拣货、出货实现全电子化管理，并且全国其他各配送中心也会逐步导入这样的系统。通过每个投单口上方的显示屏，仓库管理人员可以随时了解每张订单的进度情况和每个库位剩余产品的数量，做到拣货又快又准，补货正确及时，每名员工都能各尽其职，全仓库高效、统一、协调工作。

仓储作业与实训

根据出货频率,电子标签与库位的对应有两种方式:3 条 A Line 采用一对一模式和1 条 C Line 采用一对多模式。向系统输入客户订单,系统下发出货任务,打印装箱标签,将装箱标签贴到拣货的物流箱上,物流箱随输送线到达各通道,拣货工人扫描物流箱的装箱标签,箱号标签点亮,同时该订单所包含的商品对应储位上的电子标签亮起,工人根据标签上显示的数字进行拣货,本区域拣完,将物流箱放到输送线上,它会自动滚动到下一个区域,其他工人则重复上述过程,继续拣货。直到这张订单对应的商品全部拣完,物流箱滚动到复核区进行出货前的检查,最后打包出货。整个拣货过程井然有序,真正做到高速度、高效率、低出错率。

思考题:

1. 电子标签拣货系统的特点是什么?
2. 电子标签拣货系统是如何发出拣货指令的?

做一做——技能实训操作

通程物流接到上级指示,要求往快客门店运送一批食品,具体品名及数量见表 5-8,试完成该订单货品的出库作业。

表 5-8 出库商品信息表

序号	货物名称	数量	价格(元)	包装要求
1	康师傅方便面	1 箱	60	纸箱包装
2	吉百利怡口莲	20 包	260	纸箱包装
3	益达口香糖	5 盒	450	纸箱包装

任务三　基于手持终端技术出库操作

任务书

盛元商贸公司第一仓库接到荣昌贸易有限公司 25 箱海狮食用调和油的出库通知。请你作为仓库工作人员,为其办理货物出库手续,并使用手持终端设备完成这批货物的出库操作。

任务展现:

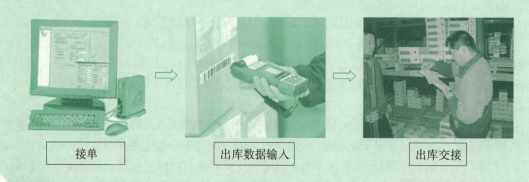

接单　　出库数据输入　　出库交接

学一学——核心知识介绍

一、基于手持终端技术的货物出库流程

销售人员在货物出库前，在系统中录入发货通知单 | 下载出库指示至数据采集器，同时打印出货清单 | 扫描产品标签，通过数据采集器提示货架位置，保证先进先出；扫描"储位码"、"货物型号"及"货物序号码"进行提货核对 | 将货物移至装运区域 | 将扫描数据从终端机上传至系统以更新库存资料

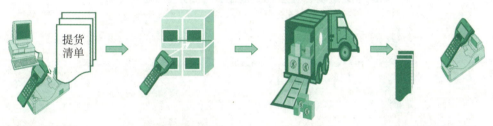

下载装运指示至终端机 | 扫描"货物型号"及"货物序号码"，并进行装运核对 | 将货物装车 | 将扫描数据上传至系统以更新库存资料并打印装运文件

图 5-35　基于手持终端技术的货物出库流程图

二、利用手持终端的货物出库操作

业务背景:海星一号仓库接到上海华贸有限公司 28 箱涤纶长丝的出库通知,仓库工作人员随即办理货物出库手续,出库通知单如表 5-9 所示。

表 5-9　出库通知单

仓库名称:海星一号仓库　　　　　　　　　　　　　　　　　　2012 年 8 月 10 日

采购订单号	20120810007						
客户指令号	2012081007			订单来源	E-mail		
客户名称	上海华贸有限公司			质量	正品		
入库方式	自提			入库类型	正常		
序号	货品编号	名称	规格	单位	包装规格（mm）	申请数量	实发数量	备注
1	73156	涤纶长丝	144 tex/36f	箱	480×320×200	28	28	

序号	货品编号	名称	规格	单位	包装规格（mm）	申请数量	实发数量	备注
合　　计						28	28	

制单人：张三　　　　　　　提货人：李四　　　　　　　仓管员：

以上业务出库具体操作步骤如下：

1. 新增出库订单

仓管员接到出库通知后，登录物流综合业务平台，进入"订单管理系统"，进入"出库订单"界面，根据出库通知单的信息，分别对订单信息、订单出库信息及订单货品进行维护，如图5-36所示。

图 5-36　订单出库信息界面

2. 出库理货开始

① 登录手持终端系统，并选择指定的库房。登录后进入应用操作主功能界面。

② 点击"开始"按钮，启动出库理货作业，如图5-37所示。此时系统会将"开始"按钮变成"完成"按钮，表明该业务已经启动。

图 5-37　理货作业界面

3. 下架操作

① 返回到手持终端系统的"出库作业"界面，点击"出库拣货"，在手持终端下方会显示待下架的货物名称、数量、存放储位和托盘标签信息。

② 利用手持终端采集托盘标签信息，信息采集成功后，手持终端系统将自动显示默认拣货数量。点击"确认下架"，如图5-38所示。

③ 下架完成后，使用叉车将货物搬运至托盘货架交接区。

图 5-38　确认下架界面

4. 搬运操作

① 返回到手持终端系统的"出库作业"界面,点击进入"搬运操作"。

② 利用手持终端采集托盘标签信息,信息采集成功后,手持终端系统自动提示待搬运的货品名称、货品数量及目标地点等信息。点击"确认搬运",如图 5-39 所示。

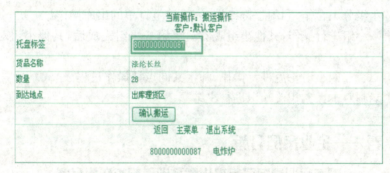

图 5-39　搬运操作界面

③ 从设备暂存区将电动搬运车取出。利用电动搬运车将货物从托盘货架区搬运至出库理货区。

5. 出库理货确认

① 拣取完成后登录手持终端系统的"出库作业"界面,点击"出库理货",进入如图 5-40 所示界面,点击"理"进行出库理货清点。

图 5-40　出库理货界面

② 点击待理货的托盘标签,此时手持终端系统自动显示默认理货数量。点击"保存结果",界面下方会提示理货操作完成的信息,如图 5-41 所示。

6. 出库交接

仓管员和收货人在打印出来的出库单相应位置签字确认。

仓储作业与实训

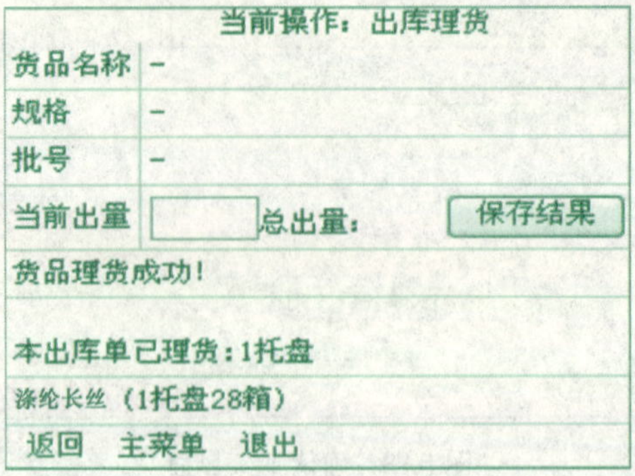

当前操作：出库理货		
货品名称	-	
规格	-	
批号	-	
当前出量 [ ] 总出量：		保存结果

货品理货成功！

本出库单已理货：1托盘

涤纶长丝 （1托盘28箱）

返回　主菜单　退出

图 5-41　理货完成界面

试一试——完成工作任务

第一步：仔细阅读任务书，理解任务内容，学习本任务核心知识内容。

第二步：各小组分工合作，利用手持终端，完成该笔订单的出库操作。

第三步：第一小组进行操作，其他小组观看。等第一小组完成后，其他小组对其操作过程进行点评。

第四步：第二、三、四小组轮流进行操作，师生共同点评操作过程。

第五步：由老师对本任务相关知识进行小结。

看一看——企业案例分析

烟草行业卷烟厂按垛出库及到货扫描应用案例

一、行业背景

行业卷烟生产经营决策管理系统工程对于我国烟草行业的意义和影响重大，在系统实施完成后，主管部门能够更加快速、清晰、透明地了解到全国各个烟厂的生产情况。使全国的卷烟生产经营得到更加有效的宏观调控。

行业卷烟生产经营决策管理系统要求对生产的每件烟贴上主管部门统一下发的条形码，并进行扫码出库销售，但如果卷烟厂此前的物流环节已经是件烟成垛运输（每箱 50 条烟为一件，30 件烟为一垛），则在物流环节中还要将件垛的成烟拆散扫码后再堆垛，不但费时费力，而且时常会造成成品的损坏。因此，主管部门提出了在成垛运输的托盘中采用 RFID 电子标签的方法，通过条码与 RFID 电子标签的结合，解决了成垛卷烟的物流和信息流交互与统一的问题。

二、项目实施的目标

采用 RFID 技术，对成垛卷烟进行标识，存储成垛卷烟中的件烟条码信息，并利用 RFID 可读写的功能，将条码与 RFID 电子标签相结合，实现烟厂以垛为单位进行出厂扫描、卷烟流通企业以垛为单位进行商业到货扫描，以简化操作流程，提高工作效率，减轻工人的劳动强度。

三、系统设计

系统设计有以下几个组成部分,包括码垛数据生成、写入电子标签环节,仓库件烟信息数据调整环节,按托盘出厂扫描环节和企业到货扫描环节。

四、系统的基本运作过程

1. 码垛数据生成

在码垛环节,通过固定式扫描器采集每一个垛对应的件烟条码信息,并进行数据压缩,通过电子标签读写设备将该压缩信息写入垛托盘上安装的电子标签。

2. 码垛数据调整

在仓储环节,通过条码采集设备将要调整的件烟条码数据 A,通过移动式电子标签读写设备采集调整垛托盘中存放的件烟条码数据 B,再将 B 进行数据解压形成垛条码数据组 C,将 A 与 C 进行比对调整(调增、调减、替换),得到调整后的垛数据组 D,将 D 进行数据压缩得到 E,再通过移动式电子标签读写设备将 E 写入到垛托盘上安装的电子标签中。

3. 按垛出厂扫描

在出厂时,利用 RFID 读写器读出垛托盘上电子标签存放的件烟条码数据,进行数据解压,最后实现与出厂扫描系统的对接。

4. 按垛到货扫描

在商品到货时,利用 RFID 读出垛托盘上电子标签存放的件烟条码数据,进行数据解压,最后实现与商品到货扫描系统的对接。

五、设备介绍

1. RFID 电子标签

XCTF - 5013 型电子标签是针对该项目的要求而专门设计的一款能够直接安装在托盘内,可以有效防止掉落,同时又方便拆卸的专用标签。

2. RFID 读写设备

根据系统运作四环节的实际情况,在原有 XCRF - 500W 型读写器的基础上,专门设计了以下读写设备:

① XCRF - 500W(A)型读写器,应用于码垛生产环节,实现电子标签内条码信息的写入功能。

② XCRF - 500W(D)型读写器,配合地埋式天线,满足了出厂扫描和到货扫描两个环节中,快速、准确读取电子标签内条码信息的功能需要。

③ 创新发明的 XCRF - 520W 型移动式读写设备,将 RFID 读写器、内置式天线、蓝牙无线激光条码扫描器等设备集成到一台可以自由移动的机箱式移动推车,实现从托盘外侧就可以对安装在托盘中央的电子标签进行读写操作,满足了仓储调整环节的复杂需求。

六、应用效果分析

采用 RFID 技术不但可以满足现代物流中配送运转模式的要求,适用于大规模繁忙物流的配送,确保供应链的高质量数据交流,也为行业卷烟生产经营提供了决策依据。

采用 RFID 技术将单件烟 30 次的扫码次数缩短至 1 次,而且减少了拆垛码垛的工作环节,缩短了时间、降低了劳动力和成本,提高了物流的效率和数据的准确性。同时,将 RFID 技术实际应用在生产、物流领域,实现产品从生产、仓储到销售的"一体化"管理,在烟草专卖管理上发挥出了巨大的作用。

思考题:

1. 什么是 RFID 技术?该技术包括哪些设备?
2. RFID 技术给卷烟厂解决了哪些问题?实现了什么目标?

 做一做——技能实训操作

补货是指理货员按照补货表,将若干货物从储存区特定储位定时或不定时地补充到拣选货架上去的作业。

步骤:确认补货要求→生成补货表→补货操作→补货确认。

工具:手动液压托盘搬运车、补货表、笔。

① 信息人员在 WMS 系统中生成补货表,如表 5-10 所示,并将其发放给作业人员。

表 5-10 ShoeBox 补货表

补货日期:2013 - 10 - 14   制单人:dcadmin   打印日期:2013 - 10
Page 6 of 6

取货储位	待补货储位	产品编号	尺配码	补货数量	单位	包装率
115103 - 01	165902 - 10	43315507	240	12	双	
115103 - 04	165902 - 11	43315507	245	12	双	
115906 - 02	166002 - 08	43315605	250	12	双	
185106 - 01	114801 - 14	43300415	230	1	件	12
185106 - 02	114801 - 15	43300415	235	1	件	12
185206 - 01	114801 - 16	43300415	240	1	件	12
185206 - 02	114801 - 17	43300415	245	1	件	12
185206 - 03	114801 - 13	43300415	225	1	件	12
185306 - 01	114802 - 10	43300410	240	1	件	12
185306 - 02	114802 - 08	43300410	230	1	件	12
185406 - 01	114802 - 09	43300410	235	1	件	12
185406 - 02	114802 - 07	43300410	225	1	件	12
185406 - 03	114802 - 11	43300410	245	1	件	12
185604 - 01	165501 - 05	43315501	245	12	双	

需补货储位数合计:102

② 作业人员将货品拆箱,并依据外箱上的储位标注将货品补入到对应储位上,如图 5-42 所示。

③ 信息人员根据补货表上的实际修改数量来修改 WMS 系统里补货表的记录。

图 5-42 将货品补入到对应储位

任务四 货物包装操作

任务书

上海中石化工物流有限公司收到金山华贸纺织有限公司等四个客户的订单,作为仓库工作人员,需要马上完成涤纶长丝的包装作业,然后发货至客户。请通过小组合作,完成涤纶长丝的装箱和打包。

任务展现:

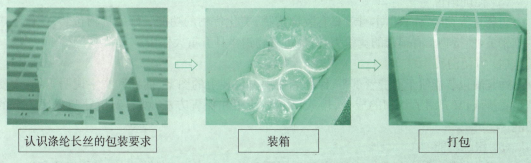

| 认识涤纶长丝的包装要求 | 装箱 | 打包 |

任务备注:

● 瓦楞纸箱的选用

瓦楞纸箱是运输包装容器,主要功能是保护货物。选用瓦楞纸箱时要根据货物的性质、重量、流通环境等因素来考虑。在保证纸箱质量的前提下,要尽量节省材料和包装费用,而且要考虑箱容和运输工具的利用率以及堆垛的稳定性等。

● 操作注意事项

必须依据涤纶长丝的相关特性进行包装操作,不当的包装操作必然会对货物造成损坏。涤纶长丝应轻拿轻放,应按不同规格、批号、等级分别装箱。

 学一学——核心知识介绍

1. 包装的概念和功能

包装是指在流通过程中为了保护产品、方便储运、促进销售等，按一定技术方法而使用的容器、材料及辅助物等的总体名称；也指为了达到上述目的，在采用容器、材料和辅助物的过程中施加一定技术方法等的操作活动。

包装的主要功能有以下几个方面。

（1）保护功能

这是包装最基本的功能。货物在运输过程中要承受风吹、日晒、雨淋、碰撞、细菌污染等，而包装就是为了避免货物受到损坏，让货物尽量完好无损地到达目的地。

> **小思考**
>
> 货物包装包括哪两层含义？

（2）方便装运

这是指便于储运和装卸。经过适当包装的货物，包装件的外形符合一定的规格，可便于仓库存储的堆码叠放，提高仓库利用率和增加车船等运输工具的装载能力，因此能够较合理地利用物流空间，也便于运输搬运，进而提高装卸作业效率。包装件外表面的储运标志能方便货物的清点，减少货差，从而提高验收工作效率。总之，正确、适当的包装，可以缩短各流通环节的作业时间、加速货物流转速度、提高工作效率、降低货物的流通费用。

（3）促进销售

包装是货物的"外衣"，本身就具有装饰货物、美化货物的功能。好的货物包装，就像无声的推销员，使货物具有很强的竞争力，对促进货物销售具有重大作用。

（4）方便消费

适宜的包装能便于消费者携带、保存和使用。包装上的图案、商标和文字说明等，既方便消费者辨认，又介绍了货物的成分、性质、用途、使用和保管方法，可起到指导和方便消费的功能。

（5）跟踪功能

良好的货物包装一般都贴有条码，企业可通过条码跟踪每一件货物的去向，以便和生产企业、运输企业交换信息，提高管理效率。

2. 包装的分类

根据不同的标准和用途，包装可分为多种：

① 按包装在物流过程中的作用不同，可分为商业包装和运输包装。

② 按包装的大小不同，可分为单件运输包装和集合运输包装。

③ 按包装在国际贸易中有无特殊要求，可分为一般包装、中性包装和定牌包装。

④ 按对包装的保护技术不同，可分为防锈、防潮、防虫、防腐、防震和危险品包装等。

⑤ 按包装的使用次数不同，可分为一次性包装和重复使用包装。

⑥ 按包装的制造材料不同，可分为纸包装、塑料包装、金属包装、玻璃包装及陶瓷包装、木制包装、纺织品包装、复合材料包装、其他包装。

3. 常用包装技术

常用包装技术是指裹包技术、填充技术、装箱技术、防震包装技术、防锈包装技术和防破损保护技术等，包括所有的容器、材料、辅助物及操作技术方法。

① 裹包技术：裹包是指用一层或几层挠性材料包覆产品或包装件的操作，如：用收缩、拉伸薄膜将托盘与货物包裹在一起，也可采用裹包机完成。

② 填充技术：将内容物按要求的数量放入包装容器的操作称为填充。内容物按形态分为固态和液态两种。

③ 装箱技术：装箱可采用手工操作、半自动或全自动机械操作的方式进行。其方法有装入式装箱法、套入式装箱法和裹包式装箱法等。

④ 防震包装技术：是指为减缓内容物受到的冲击和振动，保护其免受损坏所采取的一定防护措施的包装。其方法有全面防震包装方法、部分防震包装方法、悬浮式防震包装方法等。

⑤ 防锈包装技术：主要有防锈油防锈蚀包装技术、气相防锈包装技术等。

⑥ 防破损保护技术：缓冲包装有较强的防破损能力，因而是防破损包装技术中较为有效的一类。此外还可以采取捆扎及裹紧技术、集装技术、选择高强保护材料等防破损保护技术。

其他还有防霉腐包装技术、防虫包装技术、危险品包装技术、特种包装技术、封口技术、捆扎技术等包装技术。

4. 包装机械

使用包装机械进行产品包装，可以提高包装工作效率，保证包装质量，准确计量，美化外观，可以完成手工操作不能做到的充气、真空与热成型等，有利于降低成本，对促进产品生产与流通具有积极的推动作用。

（1）填充包装类机械

① 装箱机械：以纸箱为主，在包装过程中一边包覆产品，一边黏合接口，如图5-43所示。

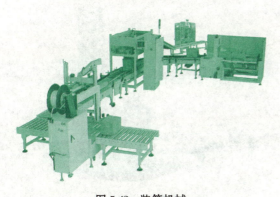

图5-43 装箱机械

图5-44 装盒机械

② 装盒机械：通过机械取出预制纸盒坯，自动装入产品后，使纸坯折盒或上胶粘合。装盒机械一般包括纸盒供给、产品输送、装填、折盒和成品输出等，有的还附设打印、印刷、封口和检测功能等，如图5-44所示。

③ 装袋机械：其主要结构包括张袋装置、计量装置、填充装置和封袋装置。张袋装置主要是将包装袋口打开，以接受从漏斗里填充进入的物料。计量装置有计重和计容积两种。填充装置一般包含料槽和漏斗。封袋装置要根据包装材料的不同性能特点，采用不同的封口装置，如：纸袋和纺织纤维等，可采取缝封、订封和粘封等形式；塑料薄膜袋则主要采取热封和粘封的

方式,如图 5-45 所示。

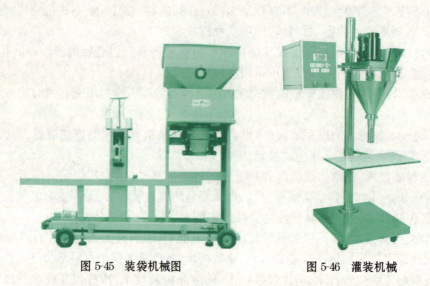

图 5-45 装袋机械图   图 5-46 灌装机械

④ 灌装机械:用来灌装液体、半液体、固液混合制品。所用容器主要有桶、罐、瓶和软管等,如图 5-46 所示。

⑤ 填充机械:用来把干燥的粉状、颗粒状、块状产品填充在盒、瓶、罐等容器中。通常有直接填充机和制袋填充机两种:前者是利用预先成型的容器进行填充;后者是既要完成袋容器的成型,又要将产品填充入容器内,如图 5-47 所示。

图 5-47 填充机械   图 5-48 裹包机械

(2) 裹包和捆扎机械等

裹包和捆扎机械以及加标机械等不同于填充机械,它们是直接使用包装材料来包装产品,而填充机械则是用容器来包装的。

① 裹包机械:又称为挠性材料裹包机械,主要包装材料为纸、蜡纸、牛皮纸或用纸、铝箔、塑料薄膜组成的复合材料,如图 5-48 所示。

② 捆扎机械:利用纸、塑料、纺织纤维或金属的绳、带对包封货物进行捆扎的机械。捆扎机械类型繁多,大小各异。有人工操作的钢带打包机、塑料带打包机,还有各种类型的半自动、

全自动的捆扎机械,如图 5-49 所示。

图 5-49　捆扎机械　　　　　　　　图 5-50　封条机械

③ 封条机械:封条是一种封箱贴条机械,多采用机械气动和电气控制来完成封贴工序,既可用于装箱机流水线的生产使用,又可作为人工装箱后的封箱、贴封条的单机使用,如图 5-50 所示。

④ 加标机械:主要使用在给容器加贴标签,如图 5-51 所示。

⑤ 封口机械:用于各种包装容器的封口,如图 5-52 所示。

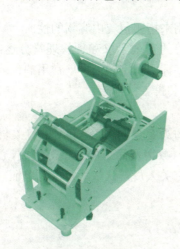

图 5-51　加标机械　　　　　　　　图 5-52　封口机械

(3) 特种包装机械

① 收缩包装机械:通过该机械,对薄膜进行适当加热处理,使薄膜收缩而紧裹货物。这种包装的特点是适合各种形状产品的包装,特别是不规则的产品包装。它可以简化包装过程,并有紧贴透明、富有弹性、内置物不松动和整洁卫生等良好的包装效果,同时由于包装体积小、成本低,便于进行集装包装。收缩包装机的收缩膜由上下两个卷筒张紧,产品由机械部件推向薄膜,在薄膜包裹产品后,由封口部件将薄膜的三面封合,随后由输送带输送,通过加热装置紧裹产品,冷却形成收缩包装,如图 5-53 所示。

② 热成型包装机械:又称为吸塑包装机械,根据成型工艺的不同,可分为泡罩式包装机、

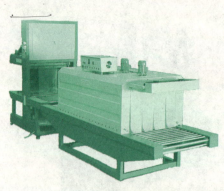

图 5-53　收缩包装机械

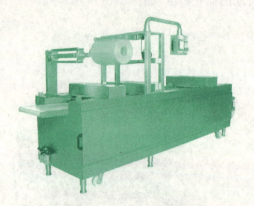

图 5-54　热成型包装机械

图 5-55　拉伸包装机械

贴体包装机、热压成型填充机和真空包装机等。这种包装具有透明美观、防潮、真空、防渗透等方面的优点,应用范围十分广泛,如图 5-54 所示。

③ 拉伸包装机械:通过机械装置在常温下将弹性塑料薄膜围绕着待包装产品拉伸、裹紧,并在末端进行封合的一种包装机械。这种包装机械所用的包装材料为聚乙烯薄膜,通常是为集装在托盘上成堆的包装而设计的,如图 5-55 所示。

5. 包装标志

货物包装标志是用来指明包装内容物的性质,为了运输、装卸、搬运、储存和堆码等的安全要求和货物理货分运的需要,在外包装上用图像或文字标明规定的记号。常用的包装标志包括运输标志、指示性标志和警告性标志。

(1) 运输标志

运输标志(shipping mark)又称唛头,是国际货物买卖合同、货运单据中有关货物标志事项的基本内容,一般由一个简单的几何图形以及字母、数字及简单的文字等组成,通常印刷在包装的明显部位。目的是为了货物在运输途中方便有关人员辨认货物及核对单证。

例如:ABC ——————收货人名称简写

L/C NO. 04321 ——信用证号

OSAKA ————目的港

NO. 1 - 100 ——件号/总件数

(2) 指示性标志

指示性标志又称注意标志,是根据货物的特性,对一些易碎、残损、变质和吸潮的货物,在包装上用醒目的文字或图形,标明"小心轻放"、"向上放置"、"禁用手钩"等在装卸搬运操作和存放保管条件方面所提出的要求和注意事项。指示性标志图示见书后附录一。

(3) 警告性标志

警告性标志又称危险品标志,是指在装有爆炸品、易燃物品、腐蚀物品、氧化剂和放射物质等危险货物的运输包装上,用图形或文字表述各种危险品的标志。其作用是警示有关装卸、运输和保管人员在处理货物时应按货物特性采取相应的措施,以保障人身和货物的安全。警告

仓储作业与实训

性标志图示见书后附录二。

二、货物打包作业

1. 半自动打包机打包操作

打包作业是在运输作业前的一道工序,是将储存、运输、装卸等物流活动有机联系在一起的重要手段。

(1)基本原理

打包机(捆扎机)的原理是使用捆扎带缠绕产品或包装件,然后收紧并将两端通过热效应熔融或使用包扣等材料紧固的机器。打包机的功用是使塑料带能紧贴于被捆扎包件的表面,保证包件在运输、储存中不会因捆扎不牢而散落,同时还应捆扎整齐美观,捆扎连接可靠,塑料带贴紧包件表面,接头牢固,机器电气安全,工作噪声烟雾等不影响操作人员健康。常用打包机如图 5-56 所示。

带盘上的塑料带,经预送带装置先送入储带盒,再由送带轮送入轨道,启动捆扎机后,各捆扎动作便会按程序依次自动进行。

图 5-56 半自动打包机   图 5-57 按下开关

(2)操作步骤

① 检查准备:安装打包带,检查各部位螺钉、螺母、弹簧是否有松动。

② 接通电源:插上电源插头,按下开关,指示灯亮,如图 5-57 所示。

③ 预热烫头:把温度调到所需温度,预热 1 分钟,若要缩短预热时间,可按下快速加热按钮,约 5 秒钟即可预热。

④ 选择送带定时时间(送带长度控制):时间调节范围 0~6 秒,根据包件大小,调节所需的传送长度。

⑤ 启动电机:合上开关,电机启动,若 30 秒内不捆扎,电机会自动停止,按下送带或退带按钮,可重新转动。

⑥ 包件定位:把包件放在机器工作台上,用手抓住带头绕过包件,插进"带子入口",如图 5-58 所示。

⑦ 捆扎:带头进入"带子入口"后,触动微动开关,机器便自动压住带头,完成退带、拉紧、切带、烫

图 5-58 包件定位

仓储作业与实训

带、复原等动作。然后自动送出一定长度的带子,此时,便完成了一次捆扎的全过程,如图 5-59、图 5-60 所示。

图 5-59　带子入口

图 5-60　打包完毕

⑧ 送带及复位:如送出的带子长度不够可按下送带按钮。

⑨ 退带及复位:按退带按钮,带子退出机器,机器自动复位。

⑩ 关机:每次用完后,应关闭电源开关或电机开关。

(3) 异常情况处理

① 带子黏合不良:调整烫头温度或调整烫头位置。

② 卡带:关掉电机开关,按照退带方向将带子拉出。

(4) 维修保养

① 清洁:要经常维护保持机器清洁,经常清除轨道和机件上的带屑和污垢。

② 紧固件防松:机器在工作和运输过程中,各部位的紧固件都有可能松动,应经常检查机器内螺钉、螺母、弹簧是否紧固齐全。

③ 润滑:应定期在注油处和经常滑动的部位加注高效润滑油。

2. 手动打包机打包操作

(1) 操作步骤

① 检查整套手动塑胶带打包工具设备包括:打包机、钳子、钢扣和塑胶包装带。

② 按照计划包装货物捆扎处的周长长度再加 5 厘米左右的盈余确定包装带长度,然后将包装带套入打包机固定端的筒状剪刀处,向上扳动剪刀扳手将包装带剪断。

③ 将包装带的一端固定在固定端向下按动定位扳手,将包装带通过固定块,向内伸出 5 厘米左右的长度后,放开定位扳手,固定包装带;然后将打包机按计划捆扎方向放置在计划包装货物上面,将包装带的另一端从计划包装货物的下方通过,绕上打包机的活动端。

④ 另一端包装带的固定在活动端向下按住定位扳手,将包装带通过固定块,向内伸出,抽紧后放开定位扳手,固定包装带,使之可以与原先固定端伸出的 5 厘米包装带形成搭接。

⑤ 钢扣的安装是从包装带搭接开口处套入钢扣,使之同时包含固定端以及活动端伸出的包装带,此时要求固定端包装带在下,活动端包装带在上,如图 5-61 所示。

⑥ 包装带的抽紧可以通过上下摇动打包机摇柄来实现。每摇动一次,摇柄下的三角定位块就向内移动一定距离并卡住轨道上的齿,从而不断收紧包装带,直到包装带勒入纸箱、纸箱出现轻微变形为止,收回摇柄,如图 5-62 所示。

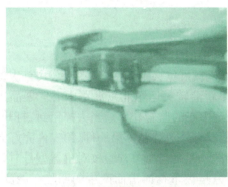
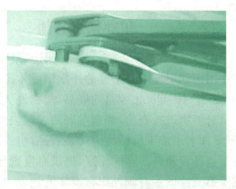

图 5-61　夹紧包装带一端　　　　　　　　图 5-62　套上钢扣

⑦ 打钢扣的方法是打开钳子手柄,让咬口完全含住钢扣,然后用力向内扳动手柄到左右手柄内的两个定位块接触为止,如图 5-63 所示。最后检查钢扣咬合的情况,如图 5-64 所示。

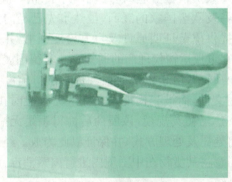
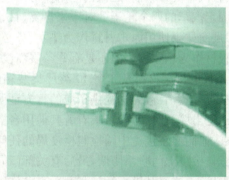

图 5-63　咬合钢扣　　　　　　　　　图 5-64　检查咬合情况

(2) 注意事项

① 使用前必须检查各项货物是否备齐,钢扣数量是否足够,打包机和钳子能否正常工作。

② 剪切时严禁将身体任何部分伸入筒状剪口。

③ 在抽紧包装带后收回摇柄时,注意不要碰到摇柄下的三角定位块,以免活动端松动,使已经抽紧的包装带也出现松动。

 试一试——完成工作任务

第一步:仔细阅读任务书,理解任务内容,学习本任务核心知识内容。

第二步:各组讨论完成任务书的方法,完成涤纶长丝的装箱操作。

第三步:每组将小组装箱完毕的成果向大家展示,并对装箱方式进行讲解和分析。

第四步:师生共同点评装箱操作。

第五步:各小组完成涤纶长丝的打包操作。先分组进行半自动打包机操作的练习,然后对打包成果进行展示。

第六步:师生共同总结打包操作过程。

仓储作业与实训

看一看——企业案例分析

展品运输中的包装问题

在中国国际展览中心举办的一次国际木工类机械展览会上，有一家瑞士公司首次参展，他们发运了一个 40 英尺集装箱的展品，货物经天津新港转关运至北京展览中心。展品进馆前，检疫人员对货物进行查验，并邀参展商一同去展览中心的监管仓库。当去掉铅封、打开集装箱时，发现 5 件木工加工机械均为裸装展品，也就是没有外包装箱。第一件、第二件完好无损，第三件由于包裹着塑料薄膜的原因，也没有发现异常。但是当海关查验核对机器型号时，检查人员发现了第三件展品右侧外腿有损坏的现象，好像是被重物撞击而产生的凹陷。展商当即表示，出厂安检时，机器外观完好无损，很有可能是发运出境时运输公司在装箱时造成的损坏。虽然进馆调试后，机器运转还算正常，但展商非常遗憾没有对机器进行外部的包装。由于展品出现破损现象，造成展会期间许多原本有意购买展机的厂家，最后只好被迫放弃。

在某次北京国际汽车展上，也有一些因为包装物证明、包装材料不符合中国检疫部门要求的现象，在汽车展开幕前，运输代理商在协助检疫人员检验开箱时，发现国外展品大部分均使用垫木固定汽车的四个轮子。对于来自美、日、韩及欧盟国家的展商，虽然事先已经向其发出通知：参展商如果使用原木材料作为垫木，务必提供熏蒸证明原件及官方检疫证书，并建议使用人造板材作为填垫物。但还是有些参展商没有重视运输代理商的通知。一家德国展商发运 9 个 40 英尺的展架材料及 3 个 40 英尺集装箱的展车，由于该展商在其货物出口前没有在该国境内进行熏蒸消毒，无法提供相应的官方证明文件，而被我检疫人员在进馆查验时扣留，并要求其退运出境。时间紧迫，眼看着其他用台搭建已初具规模，该展商后悔得手足无措：只要能够参展，他们愿意接受中国检验检疫局的任何处罚及处理方式，并保证以此为戒。经展会组办方再三与检疫部门联系协调，最后有关部门同意将其货物在中国境内进行熏蒸消毒，以及常规性消毒检查，并对其进行经济制裁后方允许进馆。

思考题：

1. 包装具有哪些功能？
2. 从上述案例中，我们可以得到哪些警示？

 做一做——技能实训操作

有 16 个纸箱的涤纶长丝，外包装尺寸为 48cm×35cm×26cm，请用手动打包机打包，并选择包装标识粘贴。

任务五 办理退货业务

任务书

2012 年 11 月 10 日，金石化工仓储公司的二号仓库接到华茂公司退货要求，已提货的涤纶长丝因规格不符需退库。经领导批准，请你为其办理退货手续。

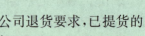

任务展现：

接收退货申请 → 清点退货货物 → 办理退货手续

 学一学——核心知识介绍

在物流供应链中，退货或换货虽然不可避免，也应尽可能地减少。从被退货企业的角度看，退货或换货的处理，只会大幅增加成本，减少利润；从要求退货的企业看，退货或换货是维护其合法权益的途径之一，双方利益都应兼顾。

一、退货的原因

1. 有质量问题的退货
对于不符合质量要求的货物，接收方提出退货，仓库将给予退换。仓库虽不会有直接的成本损失，但快速地配合，可使损害减低，增进与厂商及客户间的关系。

2. 搬运途中损坏的退货
货物在搬运过程中造成产品破损或包装污染，仓库将给予退回。

3. 货物送错退回
送达客户的货物不是订单所要求的货物，如：货物条码、品项、规格、重量、数量与订单不符，要求换货或退回。这时必须立即处理，降低客户损失及负面影响。

4. 货物过期退回
有保质期的货物在送达接收单位时超过货物的有效保质期限，仓库应予以退换。

二、退货处理的方法

1. 无条件重新发货
对于因为仓库按订单发货发生错误，则应由仓库更新调整发货方案，将错发物品召回，重新按原订单正确发货，中间发生的所有费用应由发货人承担。

2. 运输单位赔偿
对于因为运输途中产品受到损坏而发生退货的，应根据退货的情况，由仓库确定所需的修理费用或赔偿金额，然后由运输单位负责赔偿。

3. 收取费用，重新发货
对于因为客户订货有误而发生退货的，退货所有费用由客户承担。退货后，再根据客户新

仓储作业与实训

的订货单重新发货。

4. 重新发货或替代

对于因为产品有缺陷客户要求退货的,仓储方接到退货指示后,作业人员应安排车辆收回退货货物,将货物集中到仓库退货处理区进行处理。一旦产品回收活动结束,生产厂家及其销售部门就应立即采取行动,用没有缺陷的同一种产品或替代品更换有缺陷的产品。

三、办理退货手续

办理退货工作流程如下:

接受退货→重新入库→重新发货→质量管理部的追踪处理。

① 接受退货申请,并受理客户的提货凭证、提货单或出库凭证。

提货客户退货的,还需要填写退货申请表,如表 5-11 所示。

表5-11 退货申请表

客户名称:				申请日期:		
退货单号	货物名称	规格	数量	出货单号	退货原因	备注

制单:　　　　　　仓库人员:　　　　　　财务:

② 听取客户退货理由的陈述,并做好详细的登记工作。

③ 根据退货规定作出是否退货的判断,并同客户协商处理方案。

④ 决定退货后,填写退货单,如表 5-12 所示。

表5-12 退货单

配送单号	编码	货物名称	产地	批号	规格	单位	退货数量				配送价格(元)	退货原因	验收情况
							配送量	申请退货数量	核准退货数量	实际退货数量			

结算中心:　　　　　质管部门:　　　　　仓库:　　　　　填表人:

⑤ 重验退货货物,做好重新入库的工作。

⑥ 做好重新发货的工作。

⑦ 依据退货单登账、立卡,该步骤和入库操作相同。

试一试——完成工作任务

第一步:仔细阅读任务书,理解任务内容,学习本任务核心知识内容。

仓储作业与实训

第二步：各小组分工合作，根据任务书要求，办理货物退库手续。

第三步：分组进行退库作业，第一小组完成后，其他小组点评其操作过程，将所填单据提交给教师。

第四步：第二、三、四小组轮流操作，师生点评各组的操作。

第五步：各小组把所填单据交给教师，师生点评单据填写的情况。

 看一看——企业案例分析

华丰公司退货管理流程

一、退货管理流程

销售部门收到客户所传达的销货退回信息时，应尽快通知质量部门和市场部门，并主动会同质量部门人员确认退货原因。客户退货原因确定为公司责任（如：料号不符、包装损坏、产品质量不良等）时，应迅速根据退货资料及初步确认结果受理退货，不得压件不处理。

若销货退回的责任在客户时，则销售及质量管理部门人员应向客户说明判定依据、原委及处理方式。如果客户接受，则请客户取消退货要求，并将客户退货相关资料由质量管理部门储存管理。如果客户仍坚持退货，销售、质量管理部门人员必须委婉向客户说明，如果客户无法接受，再会同市场部门做进一步协商，以"降低公司损失至最小，且不损及客户关系"为原则处理。

① 销售部门应主动告知客户有关销货退回的受理相关资料，并主动协助客户将货品送回销售部门。

② 退回的货品需经由销售部门初步核对数量与退货单后，由物管部门入库。

③ 客户退货的不良品退回仓库时，物管部门应点清数量是否与"退货单"标示相符，并将退货的不良品以"拒收标签"标示后，隔离存放，并通知质量管理部门确认退货品的品质问题。

④ 若该批退货品经销售部门与客户协商需要补货时，则会同相关部门迅速拟定补交货计划，以提供相同料号、数量的良品给客户，避免造成客户停线，影响客户利益。

⑤ 如果客户有即时生产的迫切需求，销售部门必须依据客户的书面要求或电话记录经主管同意后，由物管部门安排良品更换，不得私下换货。

⑥ 质量管理部门确认销货退回品的品质状况后应通知物管部门，安排责任部门进行重新加工、挑选、降级使用或报废处理，使公司减少库存（呆滞品）的压力。

⑦ 责任部门应确实进行返工或挑选，以确保不良品不会再流入客户生产线，并予以重新加工、挑选后向质量管理部门申请库存重验。

⑧ 质量管理部门需依据出货"抽样计划"重验其品质，如为合格产品，可经由合格标示后重新安排到良品仓库内储存，并视客户需求再出货。凡未经质量管理部门确认的物品一律不得出货。

⑨ 销货退回的款项及登记管理，应由财务（会计）部门依据销货退货回单办理回款业务。

⑩ 质量管理部门应继续追踪销货退回的处理及成效，并将追查结果予以记录。质量管理部门还应将销货退回处理状况回馈给工程标准处及相关部门存查，作为改善及核查的参考。

二、货物退货的清点

接到客户的退货，首先要去查点数量与品质，确认所退货的种类、项目、名称是否与客户发货单记载相同。

① 看数量是否正确。例如，一盒与一箱，虽然只差一字，因一箱 24 盒，故实际上而言，数量相差 24 倍之多。

② 确定退货物品有无损伤，是否为货物正常状态。如果是因"不良品"而遭退货，厂商受理退货后就要加以维修。

清点后，仓库的库存量要迅速加以修正与调整，而且要尽快制作退货受理报告书，作为仓库入库和冲销销货额、应收账款的基础资料。此程序若不及时实施，"应收账款余额"与"存货余额"在账面上都会不准确，造成财务困扰。

思考题：

1. 为什么华丰公司要以"降低公司损失至最小，且不损及客户关系"为退货处理原则？

2. 为什么退货货物的清点很重要？

 ## 做一做——技能实训操作

2013 年 11 月 5 日，红叶仓储企业的三号仓库接到一份退货单，得知有 20 箱(500 g)嘉士利饼干、30 箱(碗装)的康师傅快食面、10 箱(355 mL)的可口可乐饮料、20 箱(550 mL)的雀巢饮用水、40 箱(450 mL)美汁源果粒橙、60 包(1.7 kg)的立白彩奇洗衣粉等货物因过期需退货。请为其办理退货手续，包括填写退货申请单、退货单和库存货物明细账。

仓储作业与实训

项目六　仓库安全管理

学习目标

通过本项目的学习,理解仓库安全生产知识,能严格依据仓库作业安全管理规程操作,会制定仓库相关岗位的安全操作规程;掌握火灾知识,会使用常见的消防器材灭火。

任务一　仓库作业安全管理

任务书

观澜仓库符合通用仓库一星级条件,即建筑面积在 5000 平方米以上的平房仓库,有必要的装卸机具,为半机械化仓库。请结合该企业现状,为该仓库制定装卸工岗位的安全操作规程。

任务展现:

| 进入仓库 | 观看作业过程 | 制定安全操作规程 |

 学一学——核心知识介绍

一、仓储生产安全管理

1. 人力作业安全规定

① 人力作业仅限在轻负荷时的作业。男工人力搬举货物每件不超过 80 千克,距离不大于 60 米;集体搬运时每个人负荷不超过 40 千克;女工不超过 25 千克。

② 尽可能采用人力机械作业。人力机械承重也应在限定的范围内,如:人力绞车、滑车、拖车、手推车等不超过 500 千克。

③ 只在适合作业的安全环境里进行作业。作业前应使作业人员清楚作业要求,让员工了

仓储作业与实训

解作业环境,指明危险因素和危险位置。

④ 作业人员按要求穿戴相应的安全防护用具,使用合适的作业工具进行作业。采用安全的作业方法,不采用自然滑动和滚动、推倒垛、挖角、挖井、超高等不安全作业,人员应在滚动货物的侧面作业。注意人员与操作机械的配合,在机械移动作业时人员需避开。

⑤ 合理安排工间休息,每作业 2 小时至少有 10 分钟休息时间,每 4 小时有 1 小时休息时间。

⑥ 必须有专人在现场指挥和安全指导,严格按照安全规范进行作业指挥。人员要避开不稳定货垛的正面,易塌陷、散落的位置,以及运行设备的下方等不安全位置作业;在作业设备调位时暂停作业;发现安全隐患时及时停止作业,消除安全隐患后方可恢复作业。

2. 机械安全作业规定

① 使用合适的机械、设备进行作业。尽可能采用专用设备,或者使用专用工具作业。使用通用设备,必须满足作业需要,并进行必要的防护,如:货物绑扎、限位等。

② 所使用的设备应无损坏。设备不得带"病"作业,特别是设备的承重机件,更应无损坏,符合使用的要求。应在设备的允许负荷范围内进行作业,决不超负荷运行。危险品作业时还需减低 25% 负荷作业。

③ 设备作业要有专人进行指挥。采用规定的指挥信号,按作业规范进行作业指挥。

④ 汽车装卸时,注意保持安全间距。汽车与堆物距离不得小于 2 米,与滚动物品距离不得小于 3 米。多辆汽车同时进行装卸时,直线停放的前后车距不得小于 2 米,并排停放的两车侧板距离不得小于 1.5 米。汽车装载应固定妥当、绑扎牢固。

⑤ 移动吊车必须在停放稳定后方可作业。叉车不得直接叉运压力容器和未包装的货物;移动设备在载货时需控制行驶速度,不可高速行驶。货物不能超出车辆两侧 0.2 米,禁止两车共载一物。

⑥ 载货移动设备上不得载人运行。除了连续运转设备(如:自动输送线)外,其他设备需停止稳定后方可作业,不得在运行中作业。

3. 化学危险品的保管和作业安全规定

危险品装卸、搬运安全是仓库安全作业的重要环节,稍有疏忽或违反操作规程,就会发生严重事故,以致发生中毒、燃烧或爆炸等恶性事故。在危险品作业时必须严格遵守安全操作规程,以保证作业安全。

装卸、搬运危险品时,在操作前应预先检查所用工具是否牢固,若有破损应予以修复或更换,如果所用工具上曾被易燃物、有机物、酸、碱等污染,必须进行清洗后方可使用。

操作人员应根据不同的危险特性,分别穿戴相应的防护服装,尤其对毒害、腐蚀、放射性物品,更要注意。这些防护服装包括工作服、橡胶制品的服装、胶靴、手套、防毒面具等。操作前应有专人对防护物品进行检查及对使用效果的鉴定。作业后及时对用过的防护用品进行清洗、消毒和保管。危险品作业时,要轻吊轻放,防止撞击、摩擦、振动;桶装液体物品在卸车下垛时,不宜采用跳板直接滚动溜放,应在车、垛之下垫以轮胎或其他松软物,予以缓冲,严格按包装标志的要求操作。包装破漏损坏时,必须移至安全区域整修复原,当粉、粒、块状危险品撒落于地面、车上时,应及时清除。

在操作危险品时,不得饮食、吸烟。工作完毕后根据危险品性质和工作情况,及时清洗手、脸,漱口或淋浴。操作毒害品时,必须保持现场空气流通,如果发现头晕等中毒现象,应立即休息并呼吸新鲜空气,脱去防护用具,清洗皮肤沾染部分,重者应及时送医院诊治。

由于危险品具有一般物品所没有的特性,因此,在储存危险品时也必须有相应的安全措施。储存大量化工危险品的仓库,根据物品性质不同,应分区分类隔离储存;个别性质极为特殊的物品,应专仓专储。

4. 电器设备的安全规定

随着科学技术的发展和仓库机械化水平的不断提高,仓库使用的电器设备也越来越多,如:用电力作动力的起重搬运机械、轨道输送机、自动立体仓库的机电一体化设备及其他通风机、照明设备等。为此,仓库必须注意电器设备的安全,防止火灾和触电事故的发生。在使用过程中,电器设备要配备过载保护、自动开关;高压线路经过的地方,必须有安全设施和警告标志;电工在操作时要严格遵守安全操作规程,防止触电和人身伤亡的事故;高大建筑物和危险品库房要设有避雷装置,以避免雷击引起火灾。

保证库房和其他建筑物的安全,也是安全技术的一个方面。对于库房和建筑物的一般要求是坚固耐久,特别是装有桥式起重机的大型库房。对存放可燃、易燃和易爆物品的危险品库房,要求备有良好的消防器材和设施,要求地坪有足够的承压能力。库房的建筑结构、库房与库房或其他建筑物间的距离等,都要符合国家规定的安全防火标准。

二、仓储工业卫生

仓储工业卫生是指在仓储作业中,为了改善劳动条件和作业环境,保护职工的健康,消除高温、粉尘、噪声、有毒气体及其他有害因素对职工健康的不利影响,防止有毒、有害物质泄露而采取的一系列技术措施。

安全技术主要是解决如何防止操作事故对人身和设备所造成的损害。但在仓库作业过程中,影响生产安全的不仅有突发事故,而且还可能潜伏着逐渐地、缓慢起作用的有害因素,也同样会对职工的健康和人身安全产生不同程度的影响,需要我们采取一定的防护措施。主要有以下几个方面:

1. 防止粉尘的危害

仓库常常储存着大量粉状的货物,如:水泥、石灰、原煤和其他粉状化工产品。这些货物在装卸、搬运过程中容易造成粉尘飞扬,进而污染库房和货场。即使是包装的粉状货物,也会因包装不严或破漏而使空气中带有大量的粉尘。这些粉尘被吸入人体后,对人的肺部健康有很大危害。粉尘对人体危害性的大小,取决于以下几方面因素:

① 粉尘的化学成分是决定粉尘对人体有害程度的主要因素。粉尘对人体的危害是很严重的,即使是无毒性的灰尘,也会对人体造成严重损害。例如,含游离二氧化硅的灰尘会使肺部组织发生毒化学作用,引起纤维性病变,使海绵性的肺组织纤维化,日久变硬最终导致人不能呼吸(矽肺病)。灰尘中含游离二氧化硅越多,越容易引起矽肺病。如果粉尘中含有毒性元素,则对人体的危害就更大,甚至可能中毒死亡。

② 粉尘颗粒的大小也是衡量其对人体危害程度的因素之一。尘粒的大小,一般是以其直径来衡量的,由于尘粒直径很小,一般以皮米(即 pm,$1 \ pm = 10^{-12} \ m$)表示,颗粒小于 10 皮米的细小粉尘,一般肉眼是看不见的。粉尘对人体危害的影响主要表现为:

第一,粉尘越细,越不容易沉降,悬浮于空气中的时间越长,被吸入的机会就越多。

第二,粉尘越细,越容易深入肺部。据实际调查,在矽肺病中,发现吸入的粉尘很少有大于 10 微米(即 μm,$1 \ \mu m = 10^{-6} \ m$)的;大于 30 微米的粉尘颗粒可完全被阻留在鼻腔与气管内;

大于 10 微米以上的粉尘可阻留在呼吸道中,甚至 5~10 微米的大部分粉尘也能被阻留在呼吸道中,因而可以随着痰液排出体外。对身体危害最大的是小于 3 微米的尘粒,它们能深入肺细胞而滞留其中,这样大小的尘粒常占全部粉尘粒子(指空气中)的 80%~90%。

第三,粉尘颗粒越小,则其单位重量的总表面积越大,对人体的生理危害就越大。

③ 粉尘对人体的危害,不仅取决于粉尘的大小,还取决于空气中粉尘的含量。表示空气中粉尘数量的指标,称为含尘浓度,即每立方米空气中含尘的毫克数(mg/m^3)。空气含尘浓度越大,危害也越大。

仓库应根据实际情况和现有条件,采取一切有效措施,尽可能地为员工创造无尘的作业环境。如:实现装卸、搬运设备密闭化,使散装货物输送管道化,增设吸尘、滤尘和通风设备,尽量以机械代替人工操作等。通过种种可行的措施,来减少空气中粉尘的含量。

仓库在防止粉尘污染的同时,还应当定期对长期接触粉尘的员工开展身体检查,对发现的矽肺病患者及时组织治疗和休养。

2. 防止有毒物质的危害

在化工仓库和危险品仓库中,常常存放着一些有毒的物质。这些有毒物质一旦侵入人体危害极大。防止有毒物质的侵害是仓库劳动保护中的一项重要工作,它直接关系到职工的身体健康,所以必须根据安全生产的要求,切实做好对有毒物质的防护工作。加强对化工危险品仓库的通风排气,对所存储的有毒物质进行妥善保管,经常检查包装是否完整,要严格遵守安全操作规程,做好防护用品的使用、检查,严防中毒事故。

3. 防止中暑和冻害

为了保护职工的身体健康,工作场所内应尽可能保持一定的气温。当气温过高或过低时,要采取降温或保暖、取暖的措施,防止职工中暑和冻伤,至少不应影响工作。仓储作业有相当一部分时间是露天作业,盛夏酷暑季节,尤其在南方一些地区,更应加强降温防暑措施;严寒冰冻季节,对华北、东北、西北一些地区,则必须加强防冻害措施,设立休息取暖场所和为露天作业的员工配备御寒服装。

三、劳动保护制度

劳动保护制度是保护劳动者生产安全和身体健康的一系列措施。劳动安全保护包括直接和间接施行的员工人身保护措施。仓库要遵守《劳动法》中关于劳动时间和休息的规定,每天 8 小时、每周不超过 44 小时的工时制,依法安排加班,保证员工有足够的休息时间,包括合理的工间休息。提供合适和足够的劳动防护用品,如:高强度工作鞋、安全帽、手套、工作服等,并督促作业人员使用和穿戴。

采用具有较高安全系数的作业设备、作业机械,作业工具应适合作业要求,作业场地必须具备通风、照明、防滑、保暖等适合作业的条件。不进行冒险作业和不安全环境下的作业,在大风、雨雪影响作业时应暂缓作业。避免人员带伤病作业。

仓储企业在贯彻执行《安全生产法》的过程中,要因地制宜地结合自己的具体情况,规定相应的制度。虽然仓储企业与生产企业的情况不同,各自规定的制度也不同,但归结起来,都应当包括两个方面的内容:一方面是属于安全生产管理制度,如:安全生产责任制度、工伤事故报告制度等;另一方面是属于安全生产管理规程,如:安全操作规程、设备的安全防护设置和例行检查制度等。

安全作业管理应成为仓库日常管理的重要项目,通过制度化的管理保证管理的效果;制定科学合理的各种作业安全制度、操作规程和安全责任制度,并通过严格的监督,确保管理制度得以有效和充分的执行。

重视作业人员资质管理和业务培训、安全教育。新参加仓库工作和转岗的员工,应进行仓库安全作业教育,对所从事的作业必须经过安全作业和操作的培训,确保熟练掌握岗位的安全作业技能和规范。从事特种作业的员工必须经过专门培训并取得特种作业资格,方可进行作业,且仅能从事其资格证书限定的作业项目操作,不能混岗作业。安全作业宣传和教育是仓库的长期性工作,作业安全检查是仓库安全作业管理的日常性工作,通过不断的宣传、严格的检查,对违章和忽视安全行为的严厉惩罚,强化作业人员的安全责任心。

综上所述,仓储安全技术、工业卫生、劳动保护制度三个方面的内容,构成了仓储劳动保护工作的基本内容。在实际工作中,必须把三者结合起来,落实在每一项具体作业中。

试一试——完成工作任务

第一步:仔细阅读任务书,理解任务内容,学习本任务核心知识内容。

第二步:针对仓库装卸工岗位特点,讨论完成任务书中的内容——《仓库装卸工安全操作规程》。

第三步:分组展示自定的《仓库装卸工安全操作规程》。

第四步:各小组对展示内容自评和互评。

第五步:各小组把任务书交给老师。

第六步:由老师对各小组任务书的完成情况进行点评。

看一看——企业案例分析

仓库管理 5S 规范

● 整理:将工作场所内的物品分类,把不需要的物品坚决清理掉。将工作场所的物品区分为三类。

① 经常用的,放置在工作场所容易取到的位置,以便随手可以拿到。

② 不经常用的,贮存在专有的固定位置。

③ 不再使用的,清除掉。

其目的是为了腾出更大的空间,防止物品混堆、误用,创造一个干净的工作场所。

● 整顿:把有用的物品按规定分类摆放好,并做好标识(贴上标牌、标签),杜绝乱堆乱放、物品混淆不清(待检品与已检品、不良品与良品、不同规格型号物料相互之间的区分)、收发或盘点时该找的东西找不到等无序现象的发生。

① 对放置的场所按物品使用频率进行合理的规划,如:经常使用物品区、不常使用物品区、废品区(不良品区)、待检区,规划同时并做好标示。

② 将物品放在上述区域分类摆放,并要求放置整齐,容易收发;货仓通道要畅通,方便收发货物。

③ 对这些物品在显著位置做好适当的标识。

④ 对放置或取货后的货物要摆放顺当。

仓储作业与实训

● 清扫：将工作场所内所有的地方，工作时使用的仪器、设备、材料等打扫干净，使工作场所保持一个干净、宽敞、明亮的环境。其目的是维护生产安全，减少工业灾害，保证货物品质。

① 地面、墙面、门窗、办公桌要打扫干净，不能有灰尘。

② 产品外包装要清洁，不能裸放，特别是顶层放置的物料更应做好防护、保持清洁。

③ 货仓要通风，不能使物品受潮。

● 清洁：维护整理、整顿、清扫成果，保持现场物品的清洁，保持员工仪表上的清洁。

① 每天上班花 5 分钟开展 5S 工作。

② 随时自我检查，相互检查，对不符合的情况及时纠正。

③ 货仓文员负责部门相关的 5S 责任事项及检查，每天不定时巡查，每周全仓大检查。

● 素养：每个员工都养成良好的习惯，遵守规则，积极主动。

① 遵守作息时间。

② 工作时精神饱满，言谈举止文明、有礼貌。

③ 仪表整齐，保持环境的清洁。

④ 团队协作，互帮互助。

"5S"规范所包含内容如图 6-1 所示。

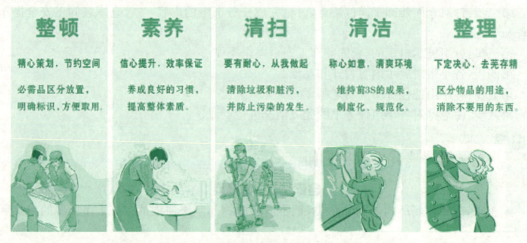

图 6-1 "5S"规范内容

思考题：

1. 达到仓库管理 5S 规范，仓库整体面貌会有什么变化？

2. 仓库管理 5S 规范与仓库安全管理有何关系？

 做一做——技能实训操作

仓库安全作业制度

为努力抓好安全防范工作，确保货物、人身及设备安全特制定本制度。

1. 人身安全方面

(1) 仓库人员在汽车入库对位时应防止汽车碰撞建筑物和伤及人员。

(2) 装卸人员在装卸、搬运和堆码过程中要轻拿轻放，安全稳固，防止货物倒塌引起人员伤亡。

仓储作业与实训

（3）正确使用装卸设备和工具，防止事故发生。

2．货物安全方面

（1）每天检查货物，防止货物发生异变、虫蛀和鼠咬等。

（2）作业完毕后对门窗进行检查，防止丢失、被盗、害虫进入和雨淋水淹。

3．设备安全方面

（1）检查电源电路是否处于安全状态。

（2）对消防设施进行定期检查其有效性和存在的安全隐患，严格控制火种、火源。

（3）定期对电梯、叉车等进行维修保养。

（4）禁止无证驾驶。

评价：上述仓库安全作业制度是否完善？是否可行？

任务二　消防安全作业

任务书

认识图 6-2 至图 6-7 中的货物，指出这些物品起火形成火灾的类别及特点，并在表 6-1 中勾出对应的灭火方式。操作泡沫、二氧化碳和干粉灭火器模拟完成灭火任务。

图 6-2　液化石油气

图 6-3　纸制品

图 6-4　乙醇

图 6-5　金属钠

图 6-6　电气设备

图 6-7　生物柴油

表 6-1　仓库灭火表

火灾类别	种类	灭火方式							
		水柱	水花	水雾	泡沫	二氧化碳	干粉	黄沙	卤化氢
A 类	纸制品								
B 类	生物柴油								
	乙醇								
C 类	液化天然气								
D 类	钠								
E 类	精密电器设备								

学一学——核心知识介绍

一、仓库火灾知识

仓库是储藏和放置货物的场所或建筑物,是货物高度集中的地方。仓库一旦发生火灾,经济损失往往十分严重。仓库火灾具有燃烧面积大、燃烧时间长的特点,主要是由于存放货物高度集中所造成的。必须重视研究仓库火灾的规律和特点,制定仓库火灾的扑救对策,提高灭火成功率,将火灾损失降到最低限度。

1. 仓库火灾的特点

(1)燃烧猛烈、蔓延迅速

各种货物仓库由于物品过于密集,而且有的捆扎较紧,加上仓库门、窗少,空气不流通,所以仓库内部一旦发生火灾,一般来说初起阶段火势蔓延比较迟缓,燃烧产物也不多,经过一段时间后,由于参加燃烧的货物逐渐增加,空间温度升高,物质分解出气体的速度不断加快,使燃烧强度急剧增大,火势蔓延速度加快,很快进入燃烧猛烈阶段。这无疑对参加火灾扑救的力量、灭火救援中的货物消耗以及灭火救援中的组织指挥都提出了更高的要求。

(2)火焰钻心,纵深发展

仓库内可燃货物堆垛和堆架发生火灾时,最初火势仅沿着堆垛和货架的表面蔓延,但很快就会沿着堆垛的缝隙向内部纵深发展,如:日用百货、棉、麻等堆垛发生火灾时,火焰便通过箱、包、捆之间的缝隙及内部通风孔洞向中心蔓延,其过程和形式颇像煤球的燃烧。因此,在扑救仓库火灾的过程中,往往要持续很长时间,要坚持打持久战。

(3)烟雾弥漫,毒气伤人

仓库内部发生火灾,由于可燃物多而空气又不流通,加上能够排烟的门、窗比较少,所以库房内烟雾特别大;尤其是地下仓库火灾情况更为严重,不但使人无法辨别方向,而且烟气中的高温让人难以忍耐,毒气和缺氧也会使人无法呼吸。存放塑料、橡胶等化工产品的仓库发生火灾,烟雾中的有毒成分所占比例更高,灭火救援人员必须佩戴呼吸器,否则救援活动将难以坚持。

（4）承载过重，容易塌陷

仓库屋面一般都采用大跨度结构，一旦发生火灾后，在火焰作用下，结构承载能力降低，加速承重结构的断裂，使库房和隔板出现倒塌现象。火灾中这些承重构件一旦倒塌后，堆积好的货物会一下子散乱，物件之间出现更大的空隙，内部阴燃火遇到大量新鲜空气后便会迅速重新燃起火焰，这样便会促使火势在短时间内更加猛烈地燃烧起来，给灭火救援工作增加难度。

2. 仓库火灾的扑救对策

（1）火情侦察

货物仓库一旦发生火灾，首先必须把火场情况了解清楚，以便科学制定灭火战斗方案，合理使用灭火器具。在进行火情侦察时，主要应了解以下几点：

① 仓库内储存货物的种类及其火灾危险性。

② 火点部位及火区面积，火势蔓延的主要方向及范围。

③ 灭火进攻路线和可以利用的地形条件。

④ 有无被困人员及其所在位置。

⑤ 有无通风孔洞或导热性能良好的金属管线突起楼板和墙壁。

⑥ 仓库内有无防火分隔物，能否被利用。

⑦ 仓库内有无消防设施及其完好情况，有无消防储水池及其储水量等。

（2）火情侦察的主要方法

对仓库火灾的侦察，具体的方法手段包括图上侦察、询问知情人和实地察看等。图上侦察是借助于灭火作战计划和单位平面图，对起火部位、单位布局和周围环境进行了解；询问知情人是通过仓库保管员和单位工程技术人员，对燃烧物质的性质、数量及存放方式作进一步的调查和了解；实地察看是指派火情侦察小组，直接深入火区内部，通过仪器和直接观察等手段，对火点位置和火势蔓延方向进行确认。

（3）控制火区与消灭火势

在火情侦察的基础上，根据火场当时火势的强弱情况和到场扑救力量的多少，按先控制、后消灭的战术原则，先从控制火势开始，在控制的基础上再将火势逐步消灭。具体方法如下：

① 堵截蔓延：仓库发生火灾，会不同程度地向四周发展蔓延。这其中必有一个是火势蔓延的主要方向，指挥员应将主要力量首先部署在火势蔓延的主要方向上，以有效地堵截火势，控制其发展和蔓延。扑救这类火灾的关键在于能否有效地切断火势的横向蔓延，控制住火势继续发展。

② 上层控制：地上多层仓库发生火灾，火势发展蔓延的主要方向是上部楼层，首先要想方设法控制住火势以防向上发展。因此，应根据现场仓库结构的条件，通过楼梯、举高车等各种登高途径，登至着火层的最上层，甚至必要时宁可放弃着火层上部一、两个层面，来设置水枪阵地，控制火势防止向上发展。登高人员的任务，除遇有被困人员需临时抢救外，主要是把守上下贯通的竖向井道，冷却保护室内地板，封锁外部门窗，扑灭上窜的零星火焰，阻截住向上发展和蔓延的火势。

③ 下层保护：通常情况下，地下多层仓库一旦上层发生火灾，火势向下层蔓延的速度相对较慢一些，尤其在火灾初期阶段。当火势一旦进入发展阶段，纵向和横向的火势遭到堵截后，浓烟、热气流因受阻开始通过各种竖井、孔洞、缝隙返向下层蔓延。在着火层的下层也要部署一定力量进行防御，灭火任务主要是阻止从各种孔洞和缝隙喷涌下来的浓烟和热气流，观察并扑灭零星火焰，以便更好地保护着火层的下层。

④ 疏散与保护货物：由于仓库属货物大量集中单位，为尽量减少这些货物在火灾中的损失，在整个灭火救援的过程中，要一边组织火灾扑救，一边疏散保护货物。当燃烧火势猛烈，到场力量较少，下风方向受火势威胁的货物易于搬运时，应将灭火力量主要用于掩护，组织一定人力物力在水枪掩护下将货物疏散出去；如受火势威胁的货物不易搬运，应利用苫布或覆盖物遮盖，进行原地保护。在组织疏散与保护货物的过程中，应事先组织好人力、车辆和其他运输工具，确定疏散的顺序、路线和方法，划出货物堆放点，并指定专人进行看守和保护。

⑤ 积极抢救被困人员：在整个灭火救援过程中，要坚持救人第一的战术原则，在扑救火灾中一旦遇有被困人员，应首先把灭火力量用于救人方面，通过破拆、排烟、灭火等技术手段，尽最大努力把被困人员抢救出来。假若火场被困人员不是很多，施救难度不是很大，在满足抢救被困人员需要的前提下，可同时控制火势蔓延的主要方向，兼顾抢救和保护各种货物。

二、仓库灭火方法

1. 火灾的种类

火灾分为五类，根据类别的不同应使用相应的灭火器材。

（1）A 类火灾

普通固体可燃物质，如：木材、棉毛、麻和纸类等燃烧引起的火灾。对这类火灾，水是最好的灭火剂，此外，还可用泡沫、干粉和卤代烷灭火器进行灭火。

（2）B 类火灾

易燃液体或液化固体，如：油类、溶剂、石油制品和涂料等物品所引发的火灾。对这类火灾通常使用二氧化碳、干粉、卤代烷和泡沫等灭火器进行灭火。

（3）C 类火灾

可燃烧气体，如：煤气、天然气和甲烷等燃烧引起的火灾。对这类火灾，可用二氧化碳、干粉和卤代烷等灭火器进行灭火。

（4）D 类火灾

可燃的活泼金属，如：钾、钠、镁和磷等金属着火，可用干沙式铸铁粉末，也可用不同的专用灭火剂进行灭火。

（5）E 类火灾

带电物体及电器燃烧引起的火灾，可用二氧化碳、干粉和卤代烷灭火器进行灭火，禁止用水。

2. 灭火的方法

（1）隔离法

将已经燃烧起来的物料与周围环境和其他可燃物隔离，或将周围其他可燃物移开，使之限制在一定的范围内，火势会因缺少可燃物而逐渐停止，不至于蔓延扩大而造成更大的损失。

（2）窒息法

窒息法的原理是阻止空气流入燃烧区或已燃烧的物体，使燃烧区或燃烧物周围空气中氧气的含量降低。这样，可以使燃烧区或燃烧物由于得不到足够的氧气而无法继续燃烧，从而达到灭火的目的。

（3）冷却法

降低燃烧物或燃烧区的温度，使燃烧物的温度迅速降低至燃点以下，这样燃烧物或燃烧区将无法继续燃烧。

（4）化学抑制法

将灭火剂喷入燃烧区，灭火剂参与到燃烧反应中，通过抑制燃烧反应中断燃烧链的正常传递，从而使燃烧反应停止。

三、常见的消防设备及使用方法

1. 水

水是仓库消防的主要灭火剂。水在灭火时有显著的冷却和窒息作用，水能使某些物质的分解反应趋于缓和，并能降低某些爆炸物品的爆炸能力；当水形成柱状时，其冲击力能破坏燃烧结构，把火扑灭。水还可以冷却附近其他易燃物质，防止火势蔓延。但是水能导电，因而对电气装备不能用水来灭火，水更不能用于对水有剧烈反应的化学危险品（如：电石、金属钾、保险粉等）的灭火。也不能用于比水轻、不溶于水的易燃液体（如：汽油、苯类物品）的灭火。

2. 沙土

沙土是一种廉价的灭火物质。沙土覆盖在燃烧物上可隔绝空气，从而使火熄灭。沙土可以扑救酸碱性货物、过氧化剂、遇水燃烧的液体和化学危险品引起的火灾。但要注意爆炸性物品（如：硫酸铵等）不可用沙土扑救，而要用冷却法扑灭。

3. 灭火器的种类

（1）泡沫型灭火器

泡沫型灭火器（如图6-8、图6-9所示）的灭火原理是用泡沫来覆盖燃烧物质的表面，以阻止可燃气体的蒸发和空气的进入；泡沫能够吸收热量，使可燃物质表面冷却；泡沫中的水分蒸发成蒸汽，可稀释空气中氧的浓度。

图6-8　手推式泡沫灭火器　　图6-9　手提式泡沫灭火器

泡沫型灭火器最适宜于扑灭油类的火灾，如：汽油、柴油和煤油所引起的火灾；也适用于扑救木材、纤维和橡胶等固体可燃物所引起的火灾。因泡沫有导电作用，故不宜扑灭电器引起的火灾。

泡沫型灭火器的使用方法如下：

① 右手握着压把，左手托灭火器底部，轻轻取下灭火器。

② 右手提着灭火器来到现场。

③ 右手捂住喷嘴，左手执筒底边缘。

④ 把灭火器颠倒过来呈垂直状态，使劲上下晃动几下，然后放开喷嘴。

⑤ 右手抓筒耳，左手抓筒底边缘，把喷嘴朝向燃烧区，站在离火源 3 米的地方喷射，并不断前进，兜围火焰喷射，直到把火扑灭。

⑥ 灭火后，把灭火器卧放地上，喷嘴朝下。使用时，灭火器应始终保持倒置状态，否则会中断喷射。

（2）二氧化碳灭火器

二氧化碳灭火器的灭火原理是：二氧化碳是一种惰性气体，不助燃，能置换空气中的氧气来达到窒息火焰的目的，并有较强的冷却作用。空气中二氧化碳的含量若达到 30% 左右，就会形成一个无失火危险的环境，并可在 30～40 秒内将火熄灭。二氧化碳具有不导电、不腐蚀、无余渣、不会损坏物品、可长期保存、不会变质、随时可用的特点。

二氧化碳主要适用于各种易燃、可燃液体和气体引发的火灾，还可扑救仪器仪表、图书档案、工艺器皿和低压电器设备等引起的火灾，以及进行办公地点、封闭仓室的灭火。

二氧化碳灭火器的种类及使用方法如下：

① 手轮式：一手握住喷筒把手，另一手撕掉铅封，将手轮按逆时针方向旋转，打开开关，二氧化碳气体即可喷出。

② 鸭嘴式：一手握住喷筒把手，另一手拔去保险销，将扶把上的鸭嘴压下，即可喷出气体灭火。

（3）1211 型灭火器

1211 型灭火器（如图 6-10 所示）适宜扑灭油类、仪器及文物档案等贵重物品引起的火灾。使用时，先撕去铝封，拔去安全保险销，一手抱住灭火器底部，另一手握住压把开关，喷嘴对准火源喷射，松开压把，喷射即停止。1211 型灭火器使用时不能颠倒，也不能横卧。另外在室外使用时，应选择在上风方向喷射；因 1211 灭火剂也有一定的毒性，在窄小的室内灭火时，灭火后操作者应迅速撤离，以防对人体的伤害。

图 6-10 1211 型灭火器

1211 型灭火器的灭火原理是：1211 是一种甲烷的卤代物，具有较好的热稳定性和化学惰性，久贮不变质，毒性很小，对钢、铜和铝等常用金属的腐蚀作用小，且由于是液化气体所以灭火后不留痕迹，不污染物品，灭火效率高，绝缘性能良好。但由于它对大气臭氧层有破坏作用，在非必须使用的场所一律不准配置 1211 灭火器。

1211 型灭火器一般适用于电器设备、各种装饰物、精密仪器、文物、图书和档案等贵重物品的火灾扑救。

（4）干粉灭火器

干粉灭火器（如图 6-11 所示）适用于扑灭油类、可燃气体、电器设备等引起的火灾。使用时，先打开保险销，一手握住喷管，对准火源，另一手拉动拉环，即可实施扑灭。使用的干粉灭火器若是内置式储气瓶或者是储压式的，操作者应先将开启把上的保险销拔下，然后握住喷射软管前端喷嘴部，另一只手将开启压把压下，打开灭火器进行灭火。

图 6-11　干粉灭火器

干粉灭火器的原理是：利用二氧化碳或氮气作动力，将干粉从喷嘴内喷出，形成一股雾状粉流，射向燃烧物质灭火。它的优点是不导电、无毒、不腐蚀，有一定的冷却作用。其缺点是干粉用后留有残渣，且会因振动而结实，因潮湿而黏结。

普通干粉又称 BC 干粉，用于扑救液体和气体火灾，对固体火灾则不适用。多用干粉又称 ABC 干粉，可用于扑救固体、液体和气体火灾，对于扑灭 C 类（气体）火灾特别有效。

● 手持式干粉灭火器的使用方法

① 右手握着压把，左手托住灭火器底部，轻轻取下灭火器。

② 把灭火器摇动数次，使瓶内干粉松散。

③ 除掉铅封，拔下保险销。

④ 左手握着喷管，右手提着压把。

⑤ 在距火焰 2 米的地方，对准火焰根部，右手用力压几下压把，左手拿着喷管左右摆动，喷射粉剂覆盖整个燃烧区。

⑥ 在灭火过程中，应始终保持直立状态，不得横卧或颠倒使用。

● 推车式干粉灭火器的使用方法

使用推车式灭火器时，将其后部向着火源（在室外应置于上风方向），先取下喷枪，展开出粉管（切记不可有拧折现象），除掉铅封，拔出保险销，再用手掌使劲按下供气阀门，使二氧化碳进入贮罐，当表压升至 0.7 兆帕～1 兆帕时，放下进气压杆停止进气。这时打开开关，喷出干粉，由近至远扑火。

知识链接

灭火器上字母的含义

我国国家标准规定，灭火器型号应以汉字拼音大写和阿拉伯数字标于筒体，如："MF2"等，其中第一个字母 M 代表灭火器，第二个字母代表灭火剂的类型，后面的阿拉伯数字代表灭火剂的重量或容积，一般以千克或升为单位。

各个字母代表的含义是：F 是干粉灭火剂、FL 是磷铵干粉灭火剂、T 是二氧化碳灭火剂、Y 是卤代烷灭火剂、P 是泡沫灭火剂、QP 是轻水泡沫灭火剂、SQ 是清水灭火剂。

四、特殊货物火灾的扑救方法

特殊货物仓库的消防工作有其特殊的要求，火灾的扑救工作也有其特殊的方法。

爆炸品引起的火灾主要用水扑救,氧化剂起火大多数可用雾状水扑救,也可以分别用二氧化碳型灭火器、泡沫型灭火器和沙土扑救。

易燃液体失火用泡沫灭火器最有效,也可用干粉灭火器、沙土、二氧化碳灭火器扑救。由于绝大多数易燃液体都比水轻,且不溶于水,故不能用水扑救。

易燃固体一般可用水、沙土、泡沫灭火器和二氧化碳灭火器等扑灭火灾。

毒害性货物失火一般可用大量水扑救,有毒的液体宜用雾状水或沙土、二氧化碳型灭火器。但如果是氰化物着火,绝不能使用酸碱灭火器和泡沫型灭火器,因为酸与氰化物作用能产生极毒的氰化氢气体,危害性极大。

在腐蚀性货物中,碱类和酸类的水溶液着火可用雾状水扑救,但遇水分解的多卤化合物、氯磺酸、发烟硫酸等,绝不能用水扑救,只能用二氧化碳型灭火器施救,有的也可用干沙灭火。

另外,遇水燃烧的货物只能使用干沙土和二氧化碳灭火器灭火。自燃性货物的起火,可用大量水或其他灭火器材。压缩气体起火时,可用沙土、二氧化碳型灭火器、泡沫型灭火器扑灭。放射性物品着火,可用大量水或其他灭火剂扑灭。切记扑救油类火灾时,不能使干粉气流直接冲击油渍,以免溅起油面使火势蔓延。

试一试——完成工作任务

第一步:仔细阅读任务书,理解任务内容,学习本任务核心知识内容。

第二步:根据所给货物图片,填制仓库灭火表。

第三步:各组展示仓库灭火表,说明选择依据,学生互评。

第四步:听老师点评。

看一看——企业案例分析

原料储存不当 仓库失火

2010年7月12日23时左右,某公司值班人员发现原料仓库冒出烟雾,值班人员判断可能是原料仓库里面堆放的硫磺起火,于是立刻向总调度室和公司领导做了报告。公司领导接到报告后立即组织人员进行扑救。据了解,该仓库存放有400吨硫磺、31吨氯酸钾,在仓库的一角还堆放有100吨水泥。由于燃烧物是硫磺和氯酸钾,遇高温时就变成液态,绿色的火苗随着液化的化学物质流动,火苗旺时竟蹿起1尺多高。

7月13日1时许,消防队到达起火地点参与扑救。采取的灭火办法一是降温扑救,二是用编织袋装上泥土在仓库东、南、西面砌起矮墙,防止液态的硫磺外流。直到5时左右,火势才得到初步控制,10时40分,经过11个小时的奋战,大火才被完全扑灭。值得庆幸的是,整个起火爆炸过程并无人员伤亡。

事后人们才知道,在爆炸现场东面120米处有一个液化气站,西面80米处有1个5000升的煤气储存罐,南面80米处是化工厂的一个煤气储存罐,如果大火蔓延到这三处地方,很可能会引发特大爆炸,后果不堪设想。

思考题:

该仓库火灾爆炸事故的原因及后果有哪些？如何预防同类事故的发生？

做一做——技能实训操作

1. 根据图 6-12 至图 6-15 所示图片,指出给定的货物属于哪类易燃物品,易造成哪类火灾,完成表 6-2 的填写。

图 6-12　香蕉水

图 6-13　纺织线料

图 6-14　乙炔

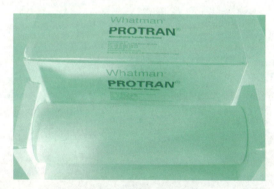

图 6-15　硝酸纤维制品

表 6-2　判断火灾类型

编号	种类	易造成的火灾类型			
1		□ A 类火灾	□ B 类火灾	□ C 类火灾	□ D 类火灾
2		□ A 类火灾	□ B 类火灾	□ C 类火灾	□ D 类火灾
3		□ A 类火灾	□ B 类火灾	□ C 类火灾	□ D 类火灾
4		□ A 类火灾	□ B 类火灾	□ C 类火灾	□ D 类火灾

2. 根据上述给出的货物或实例照片,指出给定货物如果失火,适合采用下列哪种灭火方式,完成表 6-3 的填写。

表6-3　选择灭火方式

编号	灭火方式							
1	☐ 水柱	☐ 水花	☐ 水雾	☐ 泡沫	☐ 二氧化碳	☐ 干粉	☐ 黄沙	☐ 卤化烃
2	☐ 水柱	☐ 水花	☐ 水雾	☐ 泡沫	☐ 二氧化碳	☐ 干粉	☐ 黄沙	☐ 卤化烃
3	☐ 水柱	☐ 水花	☐ 水雾	☐ 泡沫	☐ 二氧化碳	☐ 干粉	☐ 黄沙	☐ 卤化烃
4	☐ 水柱	☐ 水花	☐ 水雾	☐ 泡沫	☐ 二氧化碳	☐ 干粉	☐ 黄沙	☐ 卤化烃

附　录

附录一　包装储运指示性标志

序号	标志名称	标志图形	含义
1	易碎物品		运输包装件内装易碎品,因此搬运时应小心轻放
2	禁用手钩		搬运运输包装件时禁用手钩
3	向上		表明运输包装件的正确位置是竖直向上的
4	怕晒		表明运输包装件不能直接照晒
5	怕辐射		包装物品一旦受辐射便会完全变质或损坏
6	怕雨		包装件怕雨淋
7	重心点		表明一个单元货物的重心
8	禁止翻滚		不能翻滚运输包装

仓储作业与实训

序号	标志名称	标志图形	含义
9	此面禁用手推车		搬运货物时此面禁放手推车
10	禁用叉车		不能用升降叉车搬运的包装件
11	由此夹起		表明装运货物时夹钳放置的位置
12	此处不能卡夹		表明装卸货物时此处不能用夹钳夹持
13	堆码重量极限	"最大…千克"	表明该运输包装件所能承受的最大重量极限
14	堆码层数极限	n	相同包装的最大堆码层数,n表示层数极限
15	禁止堆码		该包装件不能堆码并且其上也不能放置其他负载
16	由此吊起		起吊货物时挂链条的位置
17	温度极限		表明运输包装件应该保持的温度极限

附录二　危险品标志

图1　爆炸品标志
(橙红色纸印黑色)

图2　易燃气体标志
(正红色纸印黑色或白色)

图3　不燃压缩气体标志
(绿色纸印黑色或白色)

图4　有毒气体标志
(白纸印黑色)

图5　易燃液体标志
(正红色纸印黑色或白色)

图6　易燃固体标志
(白色红条底印黑色)

图7　自燃货物标志
(上白下红印黑色)

图8　遇湿危险标志
(蓝色纸印黑色或白色)

图9　氧化剂标志
(柠檬黄色纸印黑色)

图10　有机过氧化物标志
(柠檬黄色纸印黑色)

图11　剧毒品标志
(柠檬黄色纸印黑色)

图12　有毒品标志
(柠檬黄色纸印黑色)

仓储作业与实训

图13 有害品标志
（白纸印黑色）

图14 感染性货物标志
（白纸印黑色）

图15 一级放射性货物标志
（白纸印黑色附一级竖红条）

图16 二级放射性货物标志
（上黄下白印黑色,附二级红竖条）

图17 三级放射性货物标志
（上黄下白印黑色,附三级红竖条）

图18 腐蚀性货物标志
（白纸印黑色）

附录三 温湿度对查表

大气压力：1.013×10^6 Pa(760 mmHg)　　　　风速：0.8 m/s

温度		湿度			温度		湿度		
			绝对					绝对	
干球/℃	湿球/℃	相对(%)	mbar	g/m³	干球/℃	湿球/℃	相对(%)	mbar	g/m³
1.0	1.0	100	6.6	5.18		0.0	49	3.7	2.90
	0.5	91	5.9	4.71	4.0	4.0	100	8.1	6.33
	0.0	81	5.3	4.19		3.5	92	7.5	5.82
2.0	2.0	100	7.0	5.54		3.0	84	6.8	5.32
	1.5	91	6.4	5.04		2.5	75	6.1	4.75
	1.0	82	5.8	4.54		2.0	67	5.5	4.24
	0.5	73	5.1	4.04		1.5	59	4.8	3.73
	0.0	64	4.5	3.54		1.0	51	4.2	3.23
3.0	3.0	100	7.6	5.92		0.5	44	3.6	2.79
	2.5	91	6.9	5.39		0.0	36	2.9	2.28
	2.0	83	6.3	4.92	5.0	5.0	100	8.7	6.76
	1.5	74	5.6	4.38		4.5	92	8.0	6.22
	1.0	66	5.0	3.91		4.0	84	7.3	5.68
	0.5	57	4.4	3.37		3.5	76	6.7	5.14

温度		湿度			温度		湿度		
干球/℃	湿球/℃	相对(%)	绝对		干球/℃	湿球/℃	相对(%)	绝对	
			mbar	g/m³				mbar	g/m³
	3.0	68	6.0	4.60		3.5	40	4.3	3.29
	2.5	61	5.3	4.12		3.0	34	3.6	2.79
	2.0	54	4.7	3.65	9.0	9.0	100	11.5	8.86
	1.5	46	4.0	3.11		8.5	93	10.7	8.24
	1.0	39	3.4	2.64		8.0	87	9.9	7.71
	0.5	32	2.8	2.26		7.5	80	9.2	7.09
	0.0	25	2.1	1.69		7.0	73	8.4	6.47
6.0	6.0	100	9.4	7.22		6.5	67	7.7	5.94
	5.5	92	8.6	6.64		6.0	61	7.0	5.40
	5.0	85	7.9	6.14		5.5	54	6.2	4.78
	4.5	77	7.2	6.56		5.0	48	5.5	4.25
	4.0	70	6.5	5.06		4.5	42	4.8	3.72
	3.5	63	5.9	4.55		4.0	36	4.2	3.19
	3.0	56	5.2	3.94		3.5	30	3.5	2.66
	2.5	48	4.5	3.47	10.0	10.0	100	12.3	9.33
	2.0	41	3.9	2.96		9.5	93	11.5	8.68
	1.5	35	3.2	2.53		9.0	87	10.7	8.12
	1.0	28	2.6	2.02		8.5	81	9.9	7.55
7.0	7.0	100	10.0	7.71		8.0	74	9.1	6.90
	6.5	93	9.3	7.17		7.5	68	8.4	6.34
	6.0	85	8.6	6.55		7.0	62	77.6	5.78
	5.5	78	7.8	6.01		6.5	56	6.9	5.22
	5.0	71	7.1	5.47		6.0	50	6.2	4.66
	4.5	64	6.4	4.93		5.5	44	5.5	4.10
	4.0	57	5.8	4.39		5.0	39	4.8	3.64
	3.5	50	5.1	3.85		4.5	33	4.0	3.08
	3.0	44	4.4	3.39	11.0	11.0	100	13.1	9.93
	2.5	37	3.7	2.85		10.5	94	12.3	9.32
	2.0	31	3.1	2.39		10.0	88	11.5	8.74
8.0	8.0	100	10.7	8.22		9.5	81	10.7	8.04
	7.5	93	10.0	7.64		9.0	75	9.9	7.45
	7.0	86	9.2	7.07		8.5	69	9.1	6.86
	6.5	79	8.5	6.49		8.0	64	8.3	6.36
	6.0	72	7.8	5.92		7.5	58	7.6	5.76
	5.5	66	7.0	5.42		7.0	52	6.8	5.16
	5.0	59	6.3	4.85		6.5	46	6.1	4.57
	4.5	53	5.6	4.35		6.0	41	5.4	4.07
	4.0	46	4.9	3.78		5.5	35	4.6	3.48

仓储作业与实训

温度		湿度			温度		湿度		
干球/℃	湿球/℃	相对(%)	绝对		干球/℃	湿球/℃	相对(%)	绝对	
			mbar	g/m³				mbar	g/m³
	5.0	30	44.0	2.98		11.0	67	10.8	7.42
12.0	12.0	100	14.0	10.57		10.5	62	9.9	6.82
	11.5	94	13.2	9.94		10.0	57	9.1	6.22
	11.0	88	123	9.30		9.5	52	8.3	5.62
	10.5	82	11.5	8.87		9.0	47	7.5	5.02
	10.0	76	10.7	8.03		8.5	42	6.7	4.43
	9.5	70	9.9	7.40		8.0	37	6.0	3.83
	9.0	65	9.1	6187		7.5	32	5.2	3.35
	8.5	59	8.3	6.24	15.0	15.0	100	17.1	12.72
	8.0	54	77.5	5.71		14.5	94	16.1	11.96
	7.5	48	6.8	5.07		14.0	89	15.2	11.32
	7.0	43	6.0	4.55		13.5	84	14.3	10.68
	7.0	62	7.6	5.78		13.0	78	13.4	9.92
	6.5	56	6.9	5.22		12.5	73	12.5	9.29
	6.0	50	6.2	4.66		12.0	68	11.6	8.65
	5.5	44	5.5	4.10		11.5	63	10.8	8.01
	5.0	39	4.8	3.64		11.0	58	10.0	7.38
	4.5	33	4.0	3.08		10.5	53	9.1	6.74
13.0	13.0	100	15.0	11.25		10.0	49	8.3	6.23
	12.5	94	14.1	10.57		9.5	44	7.5	5.60
	12.0	88	13.2	9.90		9.0	39	6.7	4.96
	11.5	83	12.4	9.43		8.5	35	5.9	4.45
	11.0	77	11.5	8.66		8.0	30	5.2	3.82
	10.5	71	10.7	7.99	16.0	16.0	100	18.2	13.5
	10.0	66	9.9	7.42		15.5	95	17.2	12.83
	9.5	61	9.1	6.86		15.0	89	16.3	12.02
	9.0	55	8.3	6.19		14.5	84	15.3	11.34
	8.5	50	7.5	5.62		14.0	79	14.4	10.67
	8.0	45	6.8	5.06		13.5	74	13.5	9.99
	7.5	40	6.0	4.50		13.0	69	12.6	9.32
	7.0	35	5.2	3.94		12.5	64	11.7	8.64
	6.5	30	4.5	3.38		12.0	60	10.8	8.10
14.0	14.0	100	16.0	11.96		11.5	55	10.0	7.43
	13.5	94	15.1	11.24		11.0	50	9.2	6.75
	13.0	89	14.2	10.65		10.5	46	8.3	6.21
	12.5	83	13.3	9.93		10.0	41	7.5	5.54
	12.0	78	12.4	8.61		9.5	37	6.7	5.00
	11.5	72	11.6	8.01		9.0	33	5.9	4.46

温度		湿度			温度		湿度		
			绝对					绝对	
干球/℃	湿球/℃	相对(%)	mbar	g/m³	干球/℃	湿球/℃	相对(%)	mbar	g/m³
17.0	17.0	100	19.4	14.34		16.0	72	15.8	11.61
	16.5	95	18.4	13.62		15.5	67	14.8	10.81
	16.0	90	17.4	12.91		15.0	63	13.9	10.16
	15.5	85	16.4	12.19		14.5	59	12.9	9.52
	15.0	80	15.5	11.47		14.0	55	12.0	8.87
	14.5	75	14.5	10.76		13.5	51	11.1	8.23
	14.0	70	13.6	10.04		13.0	46	10.2	7.42
	13.5	66	12.7	9.46		12.5	42	9.3	6.77
	13.0	61	11.8	8.75		12.0	39	8.5	6.29
	12.5	56	10.9	8.03		11.5	35	7.6	5.65
	12.0	52	10.1	7.46		11.0	31	6.8	5.00
	11.5	47	9.2	6.74	20.0	20.0	100	23.4	17.12
	11.0	43	8.4	6.17		19.5	95	22.3	16.26
	10.5	39	7.5	5.95		19.0	91	21.2	15.58
	10.0	35	6.7	5.02		18.5	86	20.1	14.72
	9.5	30	5.9	4.30		18.0	81	19.1	13.87
18.0	18.0	100	20.6	15.22		17.5	77	18.0	13.18
	17.5	95	19.6	14.98		17.0	73	17.0	12.50
	17.0	90	18.6	13.70		16.5	68	16.0	11.64
	16.5	85	17.6	12.91		16.0	64	15.0	10.96
	16.0	80	16.6	12.18		15.5	60	14.0	10.27
	15.5	76	15.6	11.42		15.0	56	13.1	9.59
	15.0	71	14.7	10.81		14.5	52	12.1	8.90
	14.5	66	13.7	10.05		14.0	48	11.2	8.22
	14.0	62	12.8	9.44		13.5	44	10.3	7.53
	13.5	58	11.9	8.83		13.0	40	9.4	6.85
	13.0	53	11.0	8.07		12.5	37	8.5	6.33
	12.5	49	10.1	7.46		12.0	33	7.7	5.65
	12.0	45	9.3	6.85	21.0	21.0	100	24.9	18.15
	11.5	41	8.4	6.24		20.5	95	23.7	17.24
	11.0	37	7.6	5.63		20.0	91	22.6	16.52
	10.5	33	6.7	5.02		19.5	86	21.5	15.61
19.0	19.0	100	22.0	16.13		19.0	82	20.4	14.88
	18.5	95	20.9	15.32		18.5	78	19.3	14.16
	18.0	90	19.9	14.52		18.0	73	18.3	13.25
	17.5	86	18.8	13.87		17.5	69	17.2	12.52
	17.0	81	17.8	13.07		17.0	65	16.2	11.80
	16.5	76	16.8	12.26		16.5	61	15.2	11.07

仓储作业与实训

温度		湿度			温度		湿度		
干球/℃	湿球/℃	相对(%)	绝对		干球/℃	湿球/℃	相对(%)	绝对	
			mbar	g/m³				mbar	g/m³
	16.0	57	14.2	10.35		17.5	56	15.6	11.40
	15.5	53	13.2	9.62		17.0	52	14.6	10.58
	15.0	50	12.3	9.08		16.5	48	13.6	9.77
	14.5	46	11.4	8.35		16.0	45	12.6	9.16
	14.0	42	10.4	7.62		15.5	41	11.6	8.33
	13.5	38	9.5	6.90		15.0	38	10.7	7.73
	13.0	35	8.6	6.35		14.5	35	9.8	7.12
	12.5	31	7.7	5.63		14.0	31	8.8	6.31
22.0	22.0	100	26.5	19.22	24.0	24.0	100	29.9	21.54
	21.5	95	25.3	18.26		23.5	96	28.6	20.68
	21.0	91	24.1	17.49		23.0	91	27.3	19.60
	20.5	87	22.9	16.72		22.5	87	26.1	18.74
	20.0	82	21.8	15.76		22.0	83	24.9	17.88
	19.5	78	20.7	14.99		21.5	79	23.7	17.02
	19.0	74	19.6	14.22		21.0	75	22.5	16.16
	18.5	70	18.5	13.45		20.5	71	21.3	15.29
	18.0	66	17.5	12.69		20.0	68	20.2	14.65
	17.5	62	16.4	11.92		19.5	64	19.1	13.79
	17.0	58	15.4	11.15		19.0	60	18.0	12.92
	16.5	54	14.4	10.38		18.5	57	16.9	12.28
	16.0	51	13.4	9.80		18.0	53	15.9	11.42
	15.5	47	12.4	9.03		17.5	50	14.9	10.77
	15.0	43	11.5	8.26		17.0	46	13.8	9.91
	14.5	40	10.5	7.69		16.5	43	12.8	9.26
	14.0	36	9.6	6.92		16.0	40	11.8	8.62
	13.5	33	8.7	6.34		15.5	36	10.9	7.75
	13.0	30	7.8	5.77		15.0	33	9.9	7.11
23.0	23.0	100	28.1	20.35		14.5	30	9.0	6.46
	22.5	96	26.9	19.54	25.0	25.0	100	31.7	22.80
	22.0	91	25.7	18.52		24.5	96	30.4	21.89
	21.5	87	24.5	17.70		24.0	92	29.1	20.98
	21.0	83	23.3	16.89		23.5	88	27.8	20.06
	20.5	79	22.2	16.08		23.0	84	26.5	19.15
	20.0	75	21.0	15.26		22.5	80	25.3	18.24
	19.5	71	19.9	14.45		22.0	76	24.1	17.33
	19.0	67	18.8	13.63		21.5	72	22.9	16.42
	18.5	63	17.7	12.82		21.0	68	21.7	15.5
	18.0	59	16.7	12.01		20.5	65	20.6	14.85

温度		湿度			温度		湿度		
干球/℃	湿球/℃	相对(%)	绝对		干球/℃	湿球/℃	相对(%)	绝对	
			mbar	g/m³				mbar	g/m³
	20.0	61	19.4	13.91		23.5	73	26.2	18.61
	19.5	58	18.3	13.22		23.0	70	24.9	17.84
	19.0	54	17.2	12.31		22.5	66	23.7	16.82
	18.5	51	16.1	11.63		22.0	63	22.5	16.06
	18.0	48	15.1	10.94		21.5	60	21.3	15.29
	17.5	44	14.0	10.03		21.0	56	20.1	14.27
	17.0	41	13.0	9.35		20.5	53	19.0	13.51
	16.5	38	12.0	8.66		20.0	50	17.8	12.75
	16.0	35	11.0	7.98		19.5	47	16.7	11.98
	15.5	32	10.1	7.28		19.0	44	15.6	11.22
26.0	26.0	100	33.6	24.11		18.5	41	14.5	10.45
	25.5	95	32.3	23.15		18.0	38	13.5	9.69
	25.0	92	30.9	22.18		17.5	35	12.4	8.92
	24.5	88	29.6	21.22		17.0	32	11.4	8.16
	24.0	84	28.3	20.25	28.0	28.0	100	37.8	26.93
	23.5	80	27.0	19.29		27.5	96	36.4	25.85
	23.0	76	25.7	18.32		27.0	92	34.9	24.78
	22.5	73	24.5	17.60		26.5	88	33.5	23.70
	22.0	69	23.3	16.64		26.0	84	32.1	22.62
	21.5	66	22.1	15.91		25.5	81	30.7	21.81
	21.0	62	20.9	14.95		25.0	77	29.3	20.74
	20.5	59	19.8	14.22		24.5	74	28.0	19.93
	20.0	55	18.6	13.26		24.0	71	26.7	19.12
	19.5	52	17.5	12.54		23.5	67	25.4	18.04
	19.0	49	16.4	11.81		23.0	64	24.1	17.24
	18.5	46	15.3	11.09		22.5	60	22.9	16.16
	18.0	42	14.3	10.13		22.0	57	21.7	15.35
	17.5	39	13.2	9.44		21.5	54	20.5	14.54
	17.0	36	12.2	8.68		21.0	51	19.8	13.73
	16.5	33	11.2	7.96		20.5	48	18.2	12.93
	16.0	30	10.2	7.23		20.0	45	17.0	12.12
27.0	27.0	100	35.7	25.49		19.5	42	15.9	11.31
	26.5	95	34.3	24.47		19.0	39	14.8	10.50
	26.0	92	32.8	23.45		18.5	36	13.8	9.86
	25.5	88	31.5	22.43		18.0	34	12.7	9.16
	25.0	84	30.1	21.42		17.5	31	11.7	8.35
	24.5	81	28.3	20.66	29.0	29.0	100	40.1	28.45
	24.0	77	27.5	19.63		28.5	96	38.6	27.31

仓储作业与实训

温度		湿度			温度		湿度		
干球/℃	湿球/℃	相对(%)	绝对 mbar	绝对 g/m³	干球/℃	湿球/℃	相对(%)	绝对 mbar	绝对 g/m³
	28.0	92	37.1	26.17		21.5	44	18.9	13.32
	27.5	89	35.6	25.32		21.0	42	17.7	12.62
	27.0	85	34.1	24.17		20.5	39	16.6	11.72
	26.5	81	32.1	23.04		20.0	36	15.4	10.81
	26.0	77	31.3	21.91		19.5	34	14.3	10.21
	25.5	74	29.9	21.05		19.0	31	13.2	9.31
	25.0	71	28.5	20.20	31.0	31.0	100	45.0	31.70
	24.5	68	27.2	19.35		30.5	96	43.2	30.33
	24.0	65	25.9	18.40		30.0	93	41.8	29.48
	23.5	61	24.6	17.36		29.5	90	40.5	28.53
	23.0	58	23.3	16.50		29.0	86	38.5	27.76
	22.5	55	22.1	15.65		28.5	82	37.0	25.99
	22.0	52	20.9	14.79		28.0	79	35.3	25.04
	21.5	49	19.7	13.94		27.5	76	34.0	24.09
	21.0	46	18.5	13.09		27.0	72	32.5	22.82
	20.5	43	17.4	12.23		26.5	69	31.1	21.87
	20.0	40	16.2	11.38		26.0	66	29.7	20.92
	19.5	38	15.1	10.81		25.5	63	28.3	19.97
	19.0	35	14.0	9.96		25.0	60	26.9	19.02
	18.5	32	13.0	9.10		24.5	57	25.6	18.07
	18.0	30	11.9	8.54		24.0	54	24.3	17.13
30.0	30.0	100	42.5	30.03		23.5	51	23.0	16.17
	29.5	96	40.8	28.83		23.0	48	21.8	15.22
	29.0	93	39.3	27.93		22.5	46	20.5	14.58
	28.5	89	37.8	26.73		22.0	43	19.3	13.63
	28.0	85	36.3	25.53		21.5	40	18.1	12.68
	27.5	82	34.8	24.62		21.0	38	16.9	12.05
	27.0	78	33.3	23.42		20.5	35	15.8	11.09
	26.5	75	31.9	22.52		20.0	33	14.6	10.46
	26.0	72	30.5	21.62		19.5	30	13.6	9.51
	25.5	68	29.1	20.42	32.0	32.0	100	47.6	33.45
	25.0	65	27.7	19.52		31.5	97	46.2	32.45
	24.5	62	26.4	18.62		31.0	93	44.3	31.11
	24.0	59	25.1	17.72		30.5	90	42.8	30.11
	23.5	56	23.8	16.82		30.0	86	40.9	28.77
	23.0	53	22.6	15.92		29.5	83	39.3	27.75
	22.5	50	21.3	15.02		29.0	79	37.7	26.43
	22.0	47	20.1	14.11		28.5	76	36.2	25.42

仓储作业与实训

温度		湿度			温度		湿度		
干球/℃	湿球/℃	相对(%)	绝对		干球/℃	湿球/℃	相对(%)	绝对	
			mbar	g/m³				mbar	g/m³
	28.0	73	34.7	24.42		22.0	35	17.7	12.34
	27.5	70	33.2	23.42		21.5	33	16.5	11.63
	27.0	67	31.7	22.41	34.0	34.0	100	53.3	37.18
	26.5	64	30.3	21.41		33.5	96	51.8	35.69
	26.0	61	28.9	20.40		33.0	93	49.6	34.58
	25.5	58	27.5	19.40		32.5	90	48.0	33.16
	25.0	55	26.1	18.40		32.0	86	46.3	31.97
	24.5	52	24.8	17.39		31.5	83	44.7	30.86
	24.0	49	23.5	16.39		31.0	80	43.1	29.74
	23.5	47	22.2	15.72		30.5	77	41.6	28.63
	23.0	44	21.0	14.72		30.0	74	39.9	27.51
	22.5	41	19.7	13.71		29.5	71	37.7	26.40
	22.0	39	18.5	13.04		29.0	68	36.1	25.28
	21.5	36	17.3	12.64		28.5	65	34.6	24.17
	21.0	34	16.1	11.37		28.0	62	33.1	23.05
	20.5	31	15.0	10.37		27.5	59	31.6	22.31
33.0	33.0	100	50.4	35.27		27.0	57	30.1	21.19
	32.5	97	48.9	34.21		26.5	54	28.7	20.08
	32.0	93	46.8	32.80		26.0	51	27.3	18.96
	31.5	90	45.3	31.74		25.5	49	25.9	17.85
	31.0	87	43.8	30.68		25.0	46	24.6	16.73
	30.5	84	42.3	29.63		24.5	44	23.2	15.99
	30.0	80	40.8	28.22		24.0	41	21.9	14.87
	29.5	76	38.5	26.81		23.5	39	20.6	13.76
	29.0	73	36.9	25.75		23.0	36	19.4	13.10
	28.5	70	35.4	24.69		22.5	34	18.1	11.89
	28.0	67	33.9	23.63	35.0	35.0	100	56.3	39.18
	27.5	64	32.4	22.57		34.5	97	54.6	37.61
	27.0	61	30.9	21.51		34.0	93	59.4	36.44
	26.5	59	29.5	20.81		33.5	90	50.7	35.26
	26.0	56	28.1	19.75		33.0	87	49.0	34.09
	25.5	53	26.7	18.69		32.5	84	47.3	32.91
	25.0	50	25.3	17.64		32.0	81	45.6	31.34
	24.5	48	24.0	16.93		31.5	78	43.9	30.17
	24.0	45	22.7	15.87		31.0	75	42.2	28.99
	23.5	43	21.4	15.17		30.5	72	40.5	27.82
	23.0	40	20.2	14.11		30.0	68	38.5	26.64
	22.5	38	18.9	13.40		29.5	66	36.9	25.86

仓储作业与实训

温度		湿度			温度		湿度		
干球/℃	湿球/℃	相对(%)	绝对		干球/℃	湿球/℃	相对(%)	绝对	
			mbar	g/m³				mbar	g/m³
	29.0	63	35.3	24.68		25.5	37	23.5	16.08
	28.5	60	33.8	23.51		25.0	35	22.2	15.21
	28.0	57	32.3	22.33		24.5	33	20.8	14.34
	27.5	55	30.8	21.55		24.0	31	19.5	13.47
	27.0	52	29.3	20.37		26.0	43	25.7	17.30
	26.5	50	27.9	19.59		25.5	41	42.3	16.19
	26.0	47	26.5	18.41		25.0	39	23.0	15.39
	25.5	43	25.1	17.63		24.5	36	21.6	14.48
	25.0	48	23.8	16.46	37.0	37.0	100	62.8	43.46
	24.5	40	22.1	15.67		36.5	97	60.3	42.16
	24.0	38	21.1	14.86		36.0	93	58.4	40.42
	23.5	35	19.8	13.71		35.5	90	55.5	39.11
36.0	36.0	100	59.5	41.27		35.0	87	54.7	37.81
	35.5	97	55.7	39.02		34.5	84	52.8	36.51
	35.0	93	54.3	38.38		34.0	81	50.9	35.20
	34.5	90	53.5	36.73		33.5	79	49.6	33.90
	34.0	80	51.8	35.49		33.0	76	47.0	32.16
	33.5	84	50.0	34.25		32.5	73	45.9	31.29
	33.0	80	48.2	32.60		32.0	70	43.8	29.99
	32.5	78	46.4	31.38		31.5	68	42.7	29.12
	32.0	75	44.6	29.77		31.0	65	40.8	27.81
	31.5	73	42.4	28.97		30.5	63	39.6	26.51
	31.0	70	41.6	27.76		30.0	59	36.9	25.64
	30.5	67	39.8	26.55		29.5	56	35.3	24.34
	30.0	63	37.7	25.34		29.0	54	33.7	23.47
	29.5	61	36.1	24.46		28.5	51	32.2	22.16
	29.0	58	34.5	23.33		28.0	49	30.7	21.30
	28.5	55	33.0	22.13		27.5	46	29.2	19.99
	28.0	53	31.5	21.32		27.0	44	27.7	19.12
	27.5	50	30.0	20.12		26.5	42	26.3	18.25
	27.0	48	28.5	19.31		26.0	40	24.9	17.38
	26.5	46	27.1	18.51					

参考资料

1. 武德春. 现代物流仓储与配送. 苏州:苏州大学出版社,2004
2. 李永生等. 仓储与配送管理. 北京:机械工业出版社,2005
3. 聂军. 物流技术与设备. 北京:对外经济贸易大学,2004
4. 陈砺等. 现代化工物流技术。北京:化工出版社,2006
5. 翟光明. 仓储与配送实务. 北京:人民交通出版社,2005
6. 王德荣. 仓储管理应试指南. 北京:电子工业出版社,2006
7. 陈宁等. 仓储实务. 北京:中国劳动保障出版社,2006
8. 郭元萍. 仓储管理与实务. 北京:中国轻工业出版社,2005
9. 朱强. 货物学. 北京:机械工业出版社,2006
10. 深圳市职业技能训练中心. 物流岗位技能手册. 上海:同济大学出版社,2005
21. 劳动和社会保障部教材办公室. 仓储基础知识与技能. 北京:中国劳动社会保障出版社,2006
12. 真虹等. 物流企业仓储管理与实务. 北京:中国物资出版社,2004
13. 刘毅. 仓储作业实务. 北京:机械工业出版社,2006
14. 李洪奎. 仓储管理. 北京:机械工业出版社,2007
15. 秦龙有. 仓储与配送管理. 北京:机械工业出版社,2005
16. 林珍平. 仓储作业实务. 北京:化工出版社,2010
17. 李举毅. 走进物流. 北京:化工出版社,2010
18. 薛威. 仓储作业管理. 北京:高等教育出版社,2012
19. 钱芝网. 仓储管理实务. 北京:电子工业出版社,2011
20. 沈文天. 配送作业管理。北京:高等教育出版社,2012
21. http://www.szclc.com
22. http://www.jpl56.com/shwl/shwl/presentation/index.php
23. http://www.caws.org.cn/
24. http://www.shlonglan.com/
25. http://www.somsds.com/

仓储作业与实训